はじめに

　本書は，文部科学省検定教科書『商業705 ビジネス・コミュニケーション』の学習用教材として作成されたものです。中間試験・期末試験対策のみならず，各種の検定対策の教材としても活用できます。教科書の内容をより深く理解し，知識を確実なものにするために利用してください。

① 　学校でおこなわれる中間試験や期末試験は検定教科書の内容と授業の内容から出題されます。わからないところは，先生に質問したり自分で調べたりするなどして，理解しておきましょう。

② 　ノートの作成方法なども，単に黒板の文字をうつすだけでなく，自分なりにいろいろと工夫してみましょう。

③ 　資格試験のほとんどは過去問題を解いてみることが最大の対策になります。このワークブックでは，各種検定試験にも対応できるように，検定試験で過去に出題された問題なども「発展問題」として掲載していますから，腕試しに解いてみましょう。

④ 　「ビジネス・コミュニケーション」は，企業など組織の一員として，ほかの人たちと一緒に働き，ビジネスを展開する力を養うことを目的としています。
　皆さんが将来一流のビジネスパーソンとして社会で活躍されることを切に祈っています。
　さあ，ビジネス社会への第一歩を踏み出しましょう！

執筆者一同

目 次

第4章　ビジネスと外国語

第 1 節 ▶ 意思決定と組織の構成者

① 組織の構成者としての行動

基本問題

問題1　次の文章の（　　　）にあてはまる語句を解答群から一つずつ選び，記号を記入しなさい。

(1)　ビジネスにおける（　①　）とは，ヒト・モノ・カネ・情報の国境を越えた移動が活発になり，各国が相互に頼る傾向が強まることである。

(2)　組織の構成者も多様化しており，正規雇用の正社員だけではなく，（　②　）とも一緒に働くようになっている。

(3)　組織の成立要件の3要素として，コミュニケーション・（　③　）・共通目的がある。

(4)　個人や組織の構成者の間に存在するさまざまな違いのことを（　④　）という。

(5)　国内では人工知能などの新技術が発展するにともない，一人ひとりの（　⑤　）や生活様式が多様化している。

●● 解答群 ●●

ア．非正規社員　　イ．貢献意欲　　ウ．価値観　　エ．グローバル化

オ．ダイバーシティ

(1) ....　　(2) ....　　(3) ....　　(4) ....　　(5) ....

問題2　次の(1)～(5)について，下線部が正しいときには〇を記入し，誤っているときは解答群から正しいものを選び記号で答えなさい。

(1)　海外との商品の輸出入取引や，海外の人たちの<u>ニーズ</u>に合わせた新たな商品の開発・製造・販売，現地の文化に合わせたサービスの提供などがおこなわれている。

(2)　企業外部の顧客，株主・投資家，取引先，NPO（<u>非政府組織</u>），地域・社会，メディアなどさまざまな関係者とコミュニケーションをとる必要性が高まっている。

(3)　国内では<u>人工知能</u>などの新技術が発展するにともない，一人ひとりの生活様式が多様化している。

(4)　<u>中途採用</u>で働く人，育児や介護をしながら働く人，病気や障がいを抱えながら働く人，言

葉や文化が異なる環境で働く人など多様な背景の人たちが同じ組織で働くようになっている。

(5)　意見や感情などを，言語や文字などの「言語」，表情や文章などの「非言語」を使って，相手に伝えたり，相手から受け取ったりすることによって交換し，お互いを分かり合うことがコミュニケーションである。

●● 解答群 ●●
ア．居住環境　　イ．非営利団体　　ウ．自然知能　　エ．株式会社　　オ．身振り

(1) ....　　(2) ....　　(3) ....　　(4) ....　　(5) ....

応用問題

問　次の文章を読んで，問いに答えなさい。

　A株式会社には，日本で生まれ育った社員のほかに，アメリカで育った社員やインドネシアで育った社員など20数か国から社員が集まってきている。(a) 著名な経営学者によれば，組織の成立要件には貢献意欲など3つの要件があるとのことである。たとえば (b) A株式会社の社員はいずれも生産した商品の利用を拡大していくことで，地球環境への負荷を軽減させ，貧しい地域の生活水準を向上させるために一丸となって働いている。また，コミュニケーションの取り方としては，(c) 社内では日本語のほかに英語を社用語として用いたり，自動翻訳を利用してタブレットやグループウェアでやりとりしたりするほか，表情やジェスチャーなどでもやりとりをしている。

(1)　下線部 (a) が示す経営学者として，最も適切なものを次のなかから一つ選びなさい。
　　ア．C.I.バーナード　　イ．P.F.ドラッカー　　ウ．M.ポーター

(2)　下線部 (b) があらわすものとして，最も適切なものを次のなかから一つ選びなさい。
　　ア．コミュニケーション　　イ．共通目的　　ウ．ダイバーシティ

(3)　下線部 (c) のことを何というか，最も適切なものを次のなかから一つ選びなさい。
　　ア．言語　　イ．非言語　　ウ．文化

(1) ....　　(2) ....　　(3) ....

第1節 ▶ 意思決定と組織の構成者

2 組織の階層化

基本問題

問題1 次の文章の（　　　）にあてはまる語句を解答群から一つずつ選び，記号を記入しなさい。

(1) 階層とは，上下関係にもとづく区分であり，階層の数が多い組織形態を（　①　）という。

(2) 上層部からの命令が下層部に届くことを（　②　）という。

(3) 階層や職種にもとづいて組織を区分することで，一人ひとりの社員は（　③　）をとる範囲が限定され，効率的に仕事に取り組むことができるようになる。

(4) 横軸に各事業，縦軸に職種をとって，縦と横の2軸で構成する組織のことを（　④　）という。

(5) （　⑤　）とは，全社的な課題など，階層や職種ごとに区分されていては取り組めないことのために，社内で複数の部門から人材を集めて結成されるチームである。

●● 解答群 ●●

ア．コミュニケーション　　　イ．マトリックス組織　　　ウ．上意下達

エ．クロスファンクショナルチーム　　　オ．ピラミッド型組織

(1) ....　　　(2) ....　　　(3) ....　　　(4) ....　　　(5) ....

問題2 次の(1)〜(5)について，下線部が正しいときには〇を記入し，誤っているときは解答群から正しいものを選び記号で答えなさい。

(1) 階層とは，社長・部長・課長・係長・一般社員など上下関係にもとづく区分であり，階層の数が少ない組織形態を<u>ピラミッド型組織</u>という。

(2) <u>職種</u>とは，研究開発・製造・営業などの専門機能にもとづく区分である。

(3) A事業部長と販売部長の2人のリーダーから指示を受ける組織を<u>クロスファンクショナルチーム</u>という。

(4) 社長や専務・常務・部長などは上級管理職であり，課長は<u>下級管理職</u>に分類される。

(5) 階層や職種によって組織を区分することで，階層や職種を超えたコミュニケーションをとりづらくなるという課題もある。

●● 解答群 ●●

ア．中間管理職　　イ．マトリックス組織　　ウ．フラット型組織　　エ．階層

オ．マネジメント

(1) ....　　(2) ....　　(3) ....　　(4) ....　　(5) ....

応用問題

問　生活用品を主体に製造・販売しているＨ社は，(a) 美容品・健康用品・化学といった事業を縦軸とし，財務会計・情報処理・物流といった機能を横軸とする組織構造を採用した。この組織構造を採用すると，目にみえない部署と部署の壁がなくなり，業務の効率性も増すと期待された。一方，(b) 懸念されるデメリットも多々あったが，異質な人間がコミュニケーションをとることで独創的なアイディアが生まれることも多く，円滑なコミュニケーションに成功した事例となっている。

⑴　下線部（a）のような組織構造を何というか，次のなかから適切なものを一つ選びなさい。

　　ア．ピラミッド型組織　　イ．マトリックス組織　　ウ．クロスファンクショナルチーム

⑵　下線部（b）として，最も適切なものを次のなかから一つ選びなさい。

　　ア．管理職の数が多く，一般社員から社長まで情報を伝達するのに時間がかかる。

　　イ．管理職の数が少ないが，情報をすみずみまで届けるのが難しい。

　　ウ．リーダーが２人存在するので，コミュニケーションを一層密にとる必要がある。

(1) ....　　(2) ....

第1節 ▶ 意思決定と組織の構成者

③ 意思決定の流れと方法

基本問題

問題1　次の文章の（　　　）にあてはまる語句を解答群から一つずつ選び，記号を記入しなさい。

(1)　トップダウンの意思決定とは，経営層や部長など階層の上層部が意思決定して，その内容を指示・（　①　）という形で下層部へ伝える意思決定の方法である。

(2)　ボトムアップの意思決定とは，組織の下層部から上層部に（　②　）をして，最終的に上層部が意思決定をする方法である。

(3)　意思決定の権限の一部を上層部から下層部に分け与えることを（　③　）という。

(4)　意思決定とは，複数の（　④　）や可能性のうち，どれが最善かを判断して結論を下すことである。

(5)　トップダウンの意思決定では，社員は，意思決定の内容に納得できないと（　⑤　）を得づらい。

●● 解答群 ●●

ア．働きがい　　　イ．提案　　　ウ．権限委譲　　　エ．選択肢　　　オ．命令

(1) ....　　　(2) ....　　　(3) ....　　　(4) ....　　　(5) ....

問題2　次の(1)～(5)について，その内容が正しいものには○，間違っているものには×を記入しなさい。

(1)　トップダウンの意思決定は階層の上層部が意思決定をするので，全社あるいは部門全体の視点や視野は必要ではなく，上層部が注目した部署に着目して検討していくのがよい。

(2)　トップダウンの意思決定では，上層部の意思決定の内容について理解できないときやうまく実践できないときは，上司や先輩などに相談したり協力を求めたりして，コミュニケーションをとりながら主体的に取り組むことが求められる。

(3)　提案の申請方法としては，稟議書の提出や会議でのプレゼンテーションなどがある。

(4)　ボトムアップの意思決定において提案をするときには，個別的で具体的な提案が重視され

ることから，自社の経営理念に合致しているかどうかなどは検討しなくてよい。

(5) 権限委譲の効果を高めるためには，下層部で働く社員も，上層部と同じように広い視点で
物事を考える姿勢と能力があることが前提となる。

(1) ....   (2) ....   (3) ....   (4) ....   (5) ....

応用問題

問 ベンチャー企業であるI社は，創業時における多種多様な意思決定を迅速におこなうために，(a) 上層部が意思決定をおこない，下層部はそれにしたがう方式で会社を運営していた。この方法だととにかく意思決定が迅速なので，創業時の度重なるトラブルも無事に乗り越えることができた。しかし，経営が安定化してくると「上層部の決定にさえ従っていればよい」という社員が増えてきた。そこで，プログラマーや営業部員など (b) 現場からの提案を会社の意思決定に取り込む方式を採用することにした。

(1) 下線部 (a) のような意思決定を何というか，次のなかから適切なものを一つ選びなさい。
　　ア．トップダウン　　イ．ボトムアップ　　ウ．権限委譲

(2) 下線部 (b) のような意思決定を何というか，次のなかから適切なものを一つ選びなさい。
　　ア．トップダウン　　イ．ボトムアップ　　ウ．権限委譲

(1) ....   (2) ....

第2節 ▶ 信頼関係と人的ネットワーク

1 職場における信頼関係の構築

基本問題

問題1 次の文章の（　　　）にあてはまる語句を解答群から一つずつ選び，記号を記入しなさい。

(1) 背景や価値観などが異なる人どうしが一緒に働くためには，（　①　）の構築が必要不可欠である。

(2) 2つ以上の何らかの要素が組み合わさり，より大きな効果が生じることを（　②　）という。

(3) 善悪があることがらについて善い（正しい）判断をすることを（　③　）という。

(4) 相手が不快感をもつような性的な言動で職場環境を悪化させる行為を（　④　）という。

(5) 地位や人間関係などの職場内の優位性を背景に，精神的・身体的苦痛を与えたり，職場環境を悪化させたりする行為のことを（　⑤　）という。

●● 解答群 ●●

ア．セクシャルハラスメント　　イ．シナジー効果　　ウ．倫理観

エ．パワーハラスメント　　オ．信頼関係

(1) ＿＿＿＿＿　　(2) ＿＿＿＿＿　　(3) ＿＿＿＿＿　　(4) ＿＿＿＿＿　　(5) ＿＿＿＿＿

問題2 次の(1)〜(5)について，その内容が正しいものには○，間違っているものには×を記入しなさい。

(1) 信頼関係のある上司と部下であれば，上司は部下に少し難易度の高い仕事を与えることができる。

(2) 信頼関係を構築するためには，相手の話を熱心に聴いたり自分のこともたくさん伝えたりする必要があるが，相互理解は必要ない。

(3) 年代・性別・出身国（地域）など多様な人たちが職場にいる場合，それらをすべて知ることは難しいので，表面的な理解さえしておけばよい。

(4) 違いを否定するのではなく，同じ職場で働く人同士の違いを，違いとしてそのまま認める

ことが重要である。

(5) 信頼関係を築くのがうまい人は，誠実で主体性や専門性，自己学習力をもつなどの特徴がある。

(1) ＿＿＿＿＿＿　　(2) ＿＿＿＿＿＿　　(3) ＿＿＿＿＿＿　　(4) ＿＿＿＿＿＿　　(5) ＿＿＿＿＿＿

応用問題

問　世界銀行のある研究者は，信頼関係が構築されていればいるほど，低いコストで高い生産性があることを立証した。信頼関係があるので不正の監視など余計なコストをかけずに，経営資源をビジネスに費やすことができるというのがその理由である。(a) もちろんそれ以外にもさまざまな理由が考えられる。こうした高い信頼関係のある職場では，前提となるのは相互理解や倫理観である。とりわけ（b）一人ひとりの人権に配慮していくのは，最低限の基本であるといえる。

(1) 下線部（a）の具体例として，最も適切なものを次のなかから一つ選びなさい。

　　ア．信頼された部下は安心して難易度の高い仕事に取り組み，新しい知識やスキルを学習できる。

　　イ．信頼された部下は安心して楽で難易度の低い仕事に取り組み，楽をして過ごすことができる。

　　ウ．信頼された部下は常識や慣習などといった明文化されていない規範には従う必要がなく，勝手に仕事ができる。

(2) 下線部（b）の具体例として，最も適切なものを次のなかから一つ選びなさい。

　　ア．相手のことに関心をもって，相手の話をたくさん聴き，自分のことも伝えること。

　　イ．他人から指示を受けるのではなく自分から主体的に学習する力を身に付けること。

　　ウ．差別的な言動，セクシャルハラスメント，パワーハラスメントなどをしないこと。

(1) ＿＿＿＿＿＿　　(2) ＿＿＿＿＿＿

第2節 ▶ 信頼関係と人的ネットワーク

2　取引先や顧客との信頼関係の構築

基本問題

問題1　次の文章の（　　　）にあてはまる語句を解答群から一つずつ選び，記号を記入しなさい。

(1)　企業は利益を上げるだけでなく，法令遵守や環境問題などの（　①　）への対応も求められている。

(2)　2015（平成27）年の国連サミットで掲げられた「持続可能な開発目標」のことで，達成すべき17の目標で構成されているのは（　②　）である。

(3)　社内外の人と人との結びつき（人脈）のことを（　③　）という。

(4)　取引先や顧客との信頼関係を構築する第一歩は（　④　）である。

(5)　企業の新しい製品やサービスなどを広く知ってもらうために開催されるのは，見本市や（　⑤　）である。

●● 解答群 ●●

ア．SDGs　　イ．人的ネットワーク　　ウ．社会的課題　　エ．ビジネスマナー

オ．展示会

(1) ＿＿＿＿＿＿　　(2) ＿＿＿＿＿＿　　(3) ＿＿＿＿＿＿　　(4) ＿＿＿＿＿＿　　(5) ＿＿＿＿＿＿

問題2　取引先や顧客が，ある企業の商品やサービスを継続的に選ぶ理由として，最も適切なものを次のなかから一つ選びなさい。

ア．食品衛生法違反で会社の上層部が逮捕された企業の製品だったが，価格が安かったので商品を購入した。

イ．販売員のビジネスマナーがしっかりしており，商品の説明も丁寧でわかりやすかったので商品を購入した。

ウ．取引先との交渉でこちらの欲しい機能や価格ではない商品だったが，威圧的な態度でのぞまれたのでやむをえず商品を購入した。

＿＿＿＿＿＿＿＿＿＿＿

問題3　人的ネットワークの構築の方法として，最も適切なものを次のなかから一つ選びなさい。

ア．ビジネスに人的ネットワークを活用したかったので，研修会や見本市に積極的に参加し，出身学校の同級生やボランティアの仲間などは忘れることにした。

イ．企業の内外に人的ネットワークを構築するとともに，仕事とは直接関係のない人的ネットワークも大事にしている。

ウ．自社のビジネスに新たな可能性をもたらす専門家や取引先，顧客は大事にしたが，社内の上司や同僚からは新たな可能性が見いだせないので関わらないことにしている。

....

応用問題

問　環境問題など社会的課題に取り組む企業は，社会的なイメージもよく，消費者からも信頼されている。とりわけ最近では2015（平成27）年に国連サミットで「達成すべき目標」として掲げられた（　　　）が注目されている。「貧困をなくそう」「すべての人に健康と福祉を」といった一見ビジネスに関係がないようにみえる目標は，<u>企業にとって社会的課題の解決を通して新しい市場の存在を認識させたり，消費者や取引先から信頼を得たりするのにも有用である</u>。

(1)　文中の（　　　）にあてはまる語句として，最も適切なものを次のなかから一つ選びなさい。

ア．CSR　　イ．SDGs　　ウ．NPO

(2)　文中の下線部の説明として，最も適切なものを次のなかから一つ選びなさい。

ア．SDGsに対応しようとしている企業は社会的な課題にも取り組む企業なので，社会的な信頼が得やすく，ビジネスチャンスを発見する機会も多くなると考えられるため。

イ．報道機関にも注目されているSDGsに取り組むことによって，広告宣伝効果が上げられ，売上高も増加するので研究開発投資をおこないやすいと考えられるため。

ウ．企業がSDGsに取り組めば，一人ひとりの社員は別のことができるので，その時間と資金で事業機会を発見したり，販売活動を積極的におこなったりすればよいため。

(1)　................　　　(2)　................

第1節 ▶ 応対に関するビジネスマナー

1 挨拶・お辞儀

基本問題

問　次の文章が表す語句として最も適切なものを解答群から一つずつ選び，記号を記入しなさい。

(1) ビジネスの場面で注意を受けたときに謝罪することば。

(2) 先に挨拶の言葉を述べてから礼をすること。

(3) 廊下などで人とすれ違うときに使用する軽いお辞儀で，上体を15度くらい傾けるもの。

(4) 上司・お得意様・目上の人などに使用する一般的なお辞儀で，上体を30度くらい傾けるもの。

(5) 感謝や謝罪，お客様を見送る時などに使用するより丁寧なお辞儀で，上体を45度くらい傾けるもの。

●● 解答群 ●●

ア．最敬礼　　イ．会釈　　ウ．敬礼　　エ．申し訳ございません　　オ．先言後礼

(1) ＿＿＿　　(2) ＿＿＿　　(3) ＿＿＿　　(4) ＿＿＿　　(5) ＿＿＿

応用問題

問題1　次の文章を読んで，問いに答えなさい。

　ある日取引先からお客様が来社されたので，A商事株式会社経理部の東法さんは，応接室までご案内することになった。応接室に向かう途中，廊下で人事課の山本課長とすれ違ったので，東法さんは上体を15度ほど傾けるお辞儀をした。応接室にお客様をお通しして経理部に戻ると，同僚が職場のボードに訪問予定先と帰社予定時間を記入してから「（　①　）」と挨拶をしたので，東法さんも「（　②　）」と挨拶をした。

(1) 下線部のお辞儀として，最も適切なものを次のなかから一つ選びなさい。

　　ア．最敬礼　　イ．敬礼　　ウ．会釈

(2)　文中の（　①　）にあてはまる挨拶として，最も適切なものを次のなかから一つ選びなさい。

　　ア．お先に失礼します。　　　イ．おはようございます。　　　ウ．行ってまいります。

(3)　文中の（　②　）にあてはまる挨拶として，最も適切なものを次のなかから一つ選びなさい。

　　ア．お疲れ様でした。　　　イ．いってらっしゃい。　　　ウ．かしこまりました。

(1) ＿＿＿＿＿＿＿　　(2) ＿＿＿＿＿＿＿　　(3) ＿＿＿＿＿＿＿

問題2　挨拶について，次のなかから最も適切なものを一つ選びなさい。

　ア．出社すると誰も挨拶をしなかったので，自分も挨拶せずに座席に座った。

　イ．廊下で来客とすれ違ったが急いでいたので，小走りで駆け抜けた。

　ウ．先週注文をいただいた取引先に「先日はお世話になりました」と挨拶をした。

　エ．エレベーターのパネルの前に訪問客がいたので「3階お願いします」と伝えた。

＿＿＿＿＿＿＿＿＿

発展問題

問　会釈について，次のなかから最も適切なものを一つ選びなさい。

（ビジネスコミュニケーション検定第9回）

　ア．客や取引先などへ最大限の敬意や感謝，謝罪の気持ちを表すお辞儀

　イ．人とすれ違うときや，相手への親しみや好意を表すときにする軽いお辞儀

　ウ．客や目上の人に対する敬意や感謝の気持ちを表し，最も多くの場面で使われるお辞儀

　エ．謝罪や請願の強い気持ちを態度で表すために，地面や床にひざまずいておこなうお辞儀

＿＿＿＿＿＿＿＿＿

第1節 ▶ 応対に関するビジネスマナー

2 身だしなみ・表情

基本問題

問　次の文章の（　　　　）にあてはまる語句を解答群から一つずつ選び，記号を記入しなさい。

(1) 外見の身だしなみの基本として，（　①　）・機能性・調和性の３つが重視されている。

(2) 男性が着るＹシャツは（　②　）で首周りのサイズが合ったものが基本である。

(3) 女性がはくストッキングは（　③　）がよい。

(4) 夏季の環境対策などにともない，（　④　）も広く認知されている。

(5) 相手に好印象を与えるために，普段から（　⑤　）を意識的にあげるなど笑顔を意識して生活するとよい。

●● 解答群 ●●

ア．口角　　　イ．クールビズ　　　ウ．白色　　　エ．ナチュラルカラー　　　オ．清潔感

(1) ....　　　(2) ....　　　(3) ....　　　(4) ....　　　(5) ....

応用問題

問題1　男性の身だしなみとして，最も適切なものを次のなかから一つ選びなさい。

ア．体形が変わっても着られるように大き目のストライプが入ったスーツを着用している。

イ．Ｙシャツは首周りのサイズが合ったもので，水色のものを着用している。

ウ．ネクタイは無地かストライプでスーツに合ったもので，派手な柄は避けている。

エ．オーソドックスな黒色の革靴と白色の靴下を着用することにしている。

....

問題2　女性の身だしなみとして，最も適切なものを次のなかから一つ選びなさい。

ア．小売業に従事しているので，指先が綺麗に見えるように派手めのマニキュアを塗っている。

イ．長い髪が自慢なのでそのまま伸ばし，前髪がまゆ毛にかかるようにしている。

ウ．スーツは清潔感のあるもので，黒色や紺色のものを着用している。

エ．自分の顔が遠くからでもわかるように濃い化粧を心がけている。

....

発展問題

問題1　身だしなみについて，次のなかから適切でないものを一つ選びなさい。

（ビジネスコミュニケーション検定第6回一部修正）

ア．初対面の人と会ったときの印象が続くという考え方もあるので，外見を整えることは重要である。

イ．身だしなみで心がけなくてはならないことは，①清潔感　②機能性　③調和性である。

ウ．地球温暖化対策の一つとして始まったクールビズは，服装の選択の幅を狭くして，夏はノーネクタイやノーソックスで通すことである。

エ．身だしなみとは，服装だけでなく，髪型，持ち物，化粧やアクセサリーなども含めて外見を整えることをいう。

....

問題2　女性の身だしなみについて，次のなかから適切でないものを一つ選びなさい。

（ビジネスコミュニケーション検定第6回一部修正）

ア．スカートの長さは，一般にひざが隠れる程度が望ましい。

イ．靴は，ヒールのついている動きやすいものを選び，ハイヒールは避ける。

ウ．アクセサリーは，仕事の邪魔にならないように控えめにする。

エ．マニキュアは，派手な色を用いて，四季を意識したデザインにするとよい。

....

第 1 節 ▶ 応対に関するビジネスマナー

3 名刺交換

基本問題

問　次の文章のうち，正しいものには〇，間違っているものには×を記入しなさい。

(1)　名刺は人に渡すものであるから，常にきれいな状態で携帯するようにしている。

(2)　名刺入れに名刺が入っていなかったので，スーツの内ポケットから折れた名刺を見つけて相手に渡した。

(3)　いただいた名刺は両手でもち，名刺入れの上に重ねて，胸の高さ，体の中央で持ち，相手の名前を復唱して確認した。

(4)　応接室から退席するさい，名刺入れに名刺を入れるのを忘れて置いてきてしまった。

(5)　複数の人と名刺交換をしたので，着席後に相手の席順に名刺を置いた。

(1) .... 　　　(2) .... 　　　(3) .... 　　　(4) .... 　　　(5) ....

応用問題

問題1　名刺交換のさいに，最も適切なものを次のなかから一つ選びなさい。

ア．大きなテーブルが間にあったので，回り込まずにテーブルの上で名刺交換をした。

イ．名刺入れがみあたらず，数分名刺入れを探してから名刺交換をおこなった。

ウ．親しみやすいようにキャラクターが印刷された名刺入れを持ち歩いている。

エ．退席するさいに，いただいた名刺を丁寧に名刺入れにしまった。

....

問題2　名刺の管理として，最も不適切なものを次のなかから一つ選びなさい。

ア．いただいた名刺は，重要な個人情報なのできちんと保管し，管理している。

イ．名刺のファイリングとして名刺ホルダーを活用している。

ウ．とりあえず名刺入れに入れたままにしている。

エ．名刺をスキャンして OCR で読み取り，そのデータを会社で管理している。

問題3　名刺交換の順序として，最も適切なものを次のなかから一つ選びなさい。ただし，名刺
　　　交換をする相手の立場は相手のほうが上である。
① 　いただいた名刺を丁寧に名刺入れにしまった。
② 　「ちょうだいいたします」といって相手の名刺を受け取った。
③ 　企業名と名前を名乗り，相手の名刺入れの上に正面を向けて名刺を差し出した。
④ 　名刺は両手で持ち，名刺入れの上に重ねて，胸の高さ，体の中央で持ち，相手の名前を復
　唱して確認した。
ア．②→①→③→④　　　イ．③→②→④→①　　　ウ．③→②→①→④

問題4　名刺交換について，次のなかから適切でないものを一つ選びなさい。
ア．いつでも素早く名刺交換ができるように，スーツのポケットに直接名刺を入れている。
イ．いつ名刺交換をするのか予測がつかないので，名刺入れには 20 枚程度を入れている。
ウ．いただいた名刺はアプリケーションソフトで管理し，情報セキュリティに注意している。

発展問題

問　名刺交換について，次のなかから最も適切なものを一つ選びなさい。

(ビジネスコミュニケーション検定第 6 回)

ア．名刺を切らしていた場合は，とりあえずその場でメモ用紙に記入して渡す。
イ．受け取った名刺の相手の名前が読めないときは，あとで調べる。
ウ．名刺入れがない場合は，ズボンのポケットに名刺を入れておく。
エ．名刺を渡すときは，目下の者や訪問者から先に出す。

第1節 ▶ 応対に関するビジネスマナー

4　紹介のしかた

基本問題

問題1　次の文章のうち，正しいものには〇，間違っているものには×を記入しなさい。

(1)　自己紹介のさいには，姓だけ名乗り，多少後ろ向きの内容であっても問題ない。

(2)　自己紹介にそなえて，自分自身のオリジナルの紹介文を用意して事前に練習しておくとよい。

(3)　自分以外の人を紹介する場合には，基本的には①紹介する人の所属先や役職・肩書，②名前，③自分との関係の順番で紹介するとよい。

(4)　取引先の担当者に上司を紹介する場合には，上司から先に紹介する。

(5)　商談が決まり，他社の担当者を自社の社員に紹介する場合，自社の社員の役職が下の人から順に紹介し，他社の担当者を紹介する。

(1) ....　　(2) ....　　(3) ....　　(4) ....　　(5) ....

問題2　紹介するときのルールとして，次のなかから適切なものを二つ選びなさい。

ア．社内の人と社外の人がいるときは，先に社外の人を社内の人に紹介する。

イ．会社での地位，社会的な地位に差があるときは，地位の低い人から先に紹介する。

ウ．社内の人には敬称をつけない。たとえば部長であれば，「私どもの部長の〇〇です」といった紹介をする。

エ．社内の人と同様に社外の人にも敬称をつけない。たとえば肩書のある人であれば，「××商事の課長の〇〇さんです」といった紹介をする。

オ．他社の担当者から紹介をしてもらう場合，名刺交換を済ませてから他社の仲介役に双方の紹介をしてもらう。

....　　　......................

問 東法産業株式会社営業部の山本部長と木下社員の2人は，新規の取引先となる愛知商事株式会社資材購買部の藤原主任に挨拶をするために訪問した。この新規の取引を獲得したのは木下社員であり，山本部長と藤原主任は初対面となる。このとき最も適切なものを次のなかから一つ選びなさい。

ア．まず藤原主任が最初に自己紹介し，その後に山本部長と木下社員が自己紹介した。

イ．最初に仲介役となる木下社員が藤原主任を山本部長に，「新規の取引をいただいた主任の藤原さんです」と言って紹介し，その後に山本部長を藤原主任に紹介した。

ウ．最初に山本部長が「あらためて木下を紹介します」といって紹介し，その後自己紹介してから，藤原主任が自己紹介した。

エ．最初に仲介役となる木下社員が山本部長を藤原主任に，「こちらが私どもの部長の山本です」といって紹介し，その後に藤原主任を山本部長に紹介した。

発展問題

問題1 営業部のXさんは，来訪した取引先と自社の社員を引き合わせることになった。Xさんがそれぞれ紹介する順序として最も適切なものを一つ選びなさい。

（ビジネスコミュニケーション検定第9回）

〈紹介する人物〉取引先2名：社員A　課長B
　　　　　　　　自　社2名：同僚C　部長D

ア．A→B→C→D　　イ．B→A→D→C　　ウ．C→D→A→B
エ．D→C→B→A

問題2 紹介の仕方について，次のなかから適切でないものを一つ選びなさい。

（ビジネスコミュニケーション検定第7回一部修正）

ア．社外の人に社内の上司を紹介する場合，敬称を付けずに呼び捨てにする。
イ．職位が下位の人を上位の人に紹介してから，上位の人を下位の人に紹介する。
ウ．紹介する人を一人ひとり指さして紹介する。
エ．社外の人を紹介するときは敬称や肩書をつける。

第1節 ▶ 応対に関するビジネスマナー

5 敬語

基本問題

問　次の文章のうち，下線部が正しいものには〇，間違っているものには解答群から正しいもの
を一つ選んで記号を記入しなさい。

(1)　敬語は使い方により，尊敬語・謙譲語Ⅰ・謙譲語Ⅱ・丁寧語・美化語の五つに分けられ
る。

(2)　相手側または第三者の行為・ものごと・状態などについて，その人物を立てて述べる敬語
は謙譲Ⅱである。

(3)　自分から相手側または第三者に向かう行為・ものごとなどについて，その向かう先の人物
を立てて述べる謙譲語は謙譲語Ⅰである。

(4)　「です」や「ます」などを文末に付け加えることで，話や文章の相手に対して丁寧さを添
えて述べる敬語は，美化語である。

(5)　挨拶からビジネスのうちあわせまで，ビジネス活動の流れをスムースにするビジネス慣用
敬語と呼ばれるものがある。

●● 解答群 ●●
ア．三つ　　イ．謙譲語Ⅰ　　ウ．謙譲語Ⅱ　　エ．尊敬語　　オ．丁寧語

(1) ＿＿＿＿＿＿　　　(2) ＿＿＿＿＿＿　　　(3) ＿＿＿＿＿＿　　　(4) ＿＿＿＿＿＿　　　(5) ＿＿＿＿＿＿

応用問題

問　新人研修で「言う」という表現をめぐって先生と新入社員のAさんの会話がおこなわれた。
先生「お客様がたとえばお客様相談室に商品のアフターサービスについて何か言う場合にはどう
いう敬語が正しいだろうか」
Aさん「お客様の言うという行為を立てる必要がありますから，この場合は（　①　）を用い
るのが妥当だと思います」
先生「そうですね。それではAさんが販売課長に何か提案を「言う」といった場合に，適切な

敬語はなんでしょうか？」

Aさん「私が話す相手先は課長ですから，自分の『言う』という行為を下げて表現し，さらに「言う」相手の課長をたてる（　②　）が適切ではないでしょうか」

先生「そうです。それでは，自分の行為やものごとを丁寧に述べる謙譲語で，相手側や第三者がいない場合にはどうでしょうか」

Aさん「高校時代に学習したのですが，（　③　）。」

(1) 文中の（　①　）にあてはまる語句を次のなかから一つ選びなさい。

　　ア．尊敬語　　イ．丁寧語　　ウ．美化語

(2) 文中の（　②　）にあてはまる語句を次のなかから一つ選びなさい。

　　ア．謙譲語Ⅰ　　イ．謙譲語Ⅱ　　ウ．美化語

(3) 文中の（　③　）にあてはまる文章として，最も適切なものを一つ選びなさい。

　　ア．「言う」の謙譲語Ⅰとして自分を下げて表現する「申し上げる」が適切だと思います。

　　イ．「言う」の謙譲語Ⅱとして自分を下げて表現する「申す」が適切だと思います。

　　ウ．理由はわかりませんが「おっしゃる」が適切ではないでしょうか。

　　(1) ....　　　(2) ....　　　(3) ....

発展問題

問　「どうぞご自由にパンを食べてください」を尊敬語で表現した場合，最も適切なものを次のなかから一つ選びなさい。　　　　　　　　　　　　（ビジネスコミュニケーション検定第6回一部修正）

　　ア．どうぞご自由にパンをいただかれてください。

　　イ．どうぞご自由にパンをいただいてください。

　　ウ．どうぞご自由にパンを召し上がってください。

　　エ．どうぞご自由にパンをお召し上がりになられてください。

　　　　　　　　　　　　　　　　　　　　　　　　　　　　.................

第 1 節 ▶ 応対に関するビジネスマナー

6 言葉遣い

基本問題

問　次の文章のうち，内容が適切であるものには○，そうでないものには×を記入しなさい。

(1)　コミュニケーションをとるときには，言葉遣いの重要性を認識しながら，正しいことば遣いを用いて信頼関係の構築に役立てる。

(2)　ビジネスでは時間は大切な資源なので，なるべく速く話すように心がけ，多少聞き取れないことがあってもやむを得ない。

(3)　重要な部分となる結論については，あいまいな表現は避け，簡潔に述べるようにする。そのさい誤解を招くような言葉ではなく，はっきりと伝わるようにする。

(4)　言葉以外の表情や態度により，同じ内容を伝える場合でも大きく受け取り方が変わる。明るい表情と態度を心がける。

(5)　「恐れ入りますが」「失礼ですが」「申し訳ございませんが」といったクッション言葉は，情報の伝達には不要なので用いないようにする。

(1) ....　　(2) ....　　(3) ....　　(4) ....　　(5) ....

応用問題

問題 1　言葉遣いに関する次の文章について，最も適切なものを次のなかから一つ選びなさい。

ア．取引先の担当者と仲良くなったので，「あざ」「はにゃ」「ま？」といった若者言葉を用いて打ち合わせをおこなった。

イ．取引先の担当者に先日送付した試作品について，「機能はよろしかったでしょうか」と問い合わせた。

ウ．取引先の担当者から資料をいただいたので「さっそく読まさせていただきます」と連絡をした。

エ．取引先の担当者から同僚に電話がかかってきたので，「申し訳ございませんが，小林はただ今席を外しております」と返答した。

....

問題2　次の文章の下線部について，適切な場合には○，そうでない場合には解答群から適切な
　　　　ものを一つ選び，記号を記入しなさい。

(1)　片仮名言葉や和製英語，省略語は安易に使用すべきではない。

(2)　「恐れ入りますが」といったクッション言葉を使うことで，ビジネス上のコミュニケーシ
　　　ョンが成立する。

(3)　お客様から電話があり，「ご予約は来週でよろしかったでしょうか」と確認をした。

(4)　レジスターで商品代金の精算をおこない，「千円からお預かりいたします」とお客様に申
　　　し上げた。

(5)　お客様から問い合わせがあり，「この商品は日持ちがよく１か月経過しても食べれる食品
　　　です」と丁重に返事をした。

●● 解答群 ●●
ア．尊敬語　　　イ．千円お預かり　　　ウ．食べられる　　　エ．よろしい　　　オ．謙譲語

(1) ....　　　(2) ....　　　(3) ....　　　(4) ....　　　(5) ....

■ 発展問題

問　ビジネスの場での敬語の使い方や言葉遣いについて，次のなかから最も適切なものを一つ選
　　びなさい。　　　　　　　　　　　　　　　　　　　　　（ビジネスコミュニケーション検定第9回一部修正）

ア．言葉は常に変化していくものなので，若者言葉も積極的に使うべきである。

イ．敬語を使うのに慣れていないと間違えて，かえって相手に失礼になるので，無理に使わな
　　くてもよい。

ウ．尊敬語と謙譲語は話す相手により使い分け，年長者へは尊敬語を年少者へは謙譲語を用い
　　る。

エ．アルバイト先のコンビニエンスストアなどで覚えたバイト言葉を用いると，相手に不快な
　　思いをさせることがあるので，使うべきではない。

....

第 1 節 ▶ 応対に関するビジネスマナー

7　訪問

基本問題

問　次の(1)〜(5)について，下線部が正しいときには○を記入し，誤っているときは解答群から正しいものを選び記号で答えなさい。

(1)　訪問の日時は，余裕をもって<u>3日前</u>までには連絡をして日時を約束する。

(2)　到着は，約束した時間の<u>10分前</u>を心がける。

(3)　応接室で席を勧められない場合は，<u>上座</u>付近で立って待つ。

(4)　はじめての訪問であれば，挨拶の<u>後</u>に名刺交換をする。

(5)　訪問日が冬季であれば，コートやマフラーなどの防寒着は<u>応接室</u>に入る前に脱ぐ。

●●解答群●●

ア．一週間前　　イ．20分前　　ウ．下座　　エ．前　　オ．建物

(1) ＿＿＿＿＿　　　(2) ＿＿＿＿＿　　　(3) ＿＿＿＿＿　　　(4) ＿＿＿＿＿　　　(5) ＿＿＿＿＿

応用問題

問題1　訪問時のビジネスマナーとして，次のなかから適切でないものを一つ選びなさい。

ア．携帯電話や携帯端末については，あらかじめ電源を切るか，マナーモードに設定する。

イ．ネクタイが緩んでいないか，髪型が乱れていないかなどをチェックしてから受付を通る。

ウ．予約を取ってから，訪問日までの期間が長い場合には，訪問日の前に連絡を入れ，あらためて訪問日の確認をとる。

エ．打ち合わせをするさいに必要な資料については，自社の人数分だけ用意する。

＿＿＿＿＿＿＿＿＿＿＿

問題2　訪問時のビジネスマナーとして，次のなかから適切でないものを一つ選びなさい。

ア．時間に余裕をもって移動し，約束した時間の10分前には到着するように心がける。

イ．案内された応接室では，席を勧められるまで下座付近で立って待つ。

ウ．担当者が応接室に来てから，名刺・書類や資料などの準備をする。

エ．取引先に到着したら，身だしなみを整え，コートやマフラーを脱いでから建物に入る。

発展問題

問題1　訪問時のマナーについて，次のなかから最も適切なものを一つ選びなさい。

（ビジネスコミュニケーション検定第3回）

ア．コートやマフラーは，受付を済ませて案内された部屋に入ってから脱ぐ。

イ．持参した手みやげは，受付で渡す。

ウ．訪問先に到着する前に携帯電話の電源を切り，身だしなみを整えるなどの準備をする。

エ．応接室に案内されたら，席をすすめられる前に下座に座る。

問題2　訪問時のマナーについて，次のなかから適切でないものを一つ選びなさい。

（ビジネスコミュニケーション検定試行回）

ア．案内された部屋で「お座りください」とは言われなかったので，担当者が来るまでの間，立って待っていた。

イ．受付で訪問目的と会社名・氏名を名乗り，名刺を渡して取り次いでもらった。

ウ．とても寒い日だったので，訪問先でもコートは脱がなかった。

第1節 ▶ 応対に関するビジネスマナー

8 来客応対

基本問題

問　次の文章のうち正しいものには〇，間違っているものには×を記入しなさい。

(1) 来客応対は，最初に応対する人の第一印象がよいことが大事である。

(2) 受付がある場合，受付の担当者が応対するが，受付がない場合は訪問客が誰かに話しかけるのを待つ。

(3) 受付の担当者は，来客の姿が見えたら，笑顔で最敬礼をする。

(4) エレベーターではドアが開いたら先に乗り込み，「開」ボタンを押しながら来客を乗せる。

(5) お客様を応接室に案内したら，「どうぞこちらへおかけになってお待ちください」と奥の上座の席をすすめる。

(1) ＿＿＿＿＿　　(2) ＿＿＿＿＿　　(3) ＿＿＿＿＿　　(4) ＿＿＿＿＿　　(5) ＿＿＿＿＿

応用問題

問題1　来客者へのお茶の入れ方・出し方について，次のなかから適切なものを一つ選びなさい。

ア．お茶を出すときには，応接室の入り口から近い順序でお茶を出すようにする。

イ．お茶はお盆に入れて両手で運んでいるので，ノックはしないで応接室に入る。

ウ．お茶を出し終えたらお盆を脇に抱え，ドア付近で「失礼しました」と一言添えて一礼して静かに退室する。

エ．お客様が一人だったのでお茶はお盆にのせずに，茶碗を手でもってお客様にお出しした。

＿＿＿＿＿＿＿＿

問題2　来客の見送りについて，最も適切なものを次のなかから一つ選びなさい。

ア．玄関まで見送り，お客様が建物の外に出たのを確認し，最敬礼をする。

イ．応接室の外で見送るときには，会釈して「失礼します」といい，すぐに職場に戻る。

ウ．エレベーターで見送るときは，「エレベーターはこちらです」と案内して，自分はそこで会釈をして仕事に戻る。

エ．玄関の手前まで見送り，そこで挨拶をしてから会釈をする。

....

発展問題

問題1　来客応対について，次のなかから適切でないものを一つ選びなさい。

（ビジネスコミュニケーション検定第6回一部修正）

ア．来客の姿がみえたら，笑顔で明るく丁寧に接し，取り次ぎはすみやかにおこない，待たせないようにする。

イ．来客がそばにいても，仕事中であれば顔を上げたりあいさつをしたりする必要はなく，自分の仕事に集中する。

ウ．来客が会社名や名前を名乗らない場合は，丁重な口調で「失礼ですが」などのクッション言葉を用いて身元を確認し，応対する。

エ．エレベーターでは自分が先に乗り込み，「開」ボタンを押しながら来客を乗せた。

....

問題2　会社の入り口付近で，来客と思われる人が立ち往生している。どう対応したらよいか。次のなかから最も適切なものを一つ選びなさい。

（ビジネスコミュニケーション検定試行回）

ア．「いらっしゃいませ。どちらにご用ですか」と声をかける。

イ．社内放送で，入口付近に来客があることを知らせる。

ウ．「どなたですか」と声をかける。

....

第1節 ▶ 応対に関するビジネスマナー

9 席次

基本問題

問 次の文章を読み，問いに答えなさい。

　応接室や会議室，また乗り物に乗るさいにも座席には順番がある。このような座席に座る順番を（　①　）という。（　①　）のうち，上司や来客など目上の人が座る座席を（　②　）といい，目下の人が座る席を（　③　）という。

　たとえば次の図Aと図Bを見てみよう。

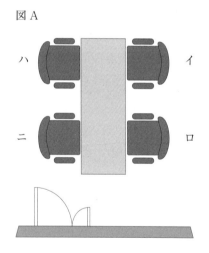

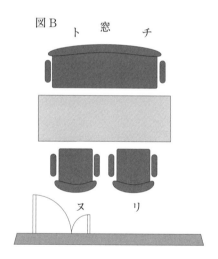

　図Aの場合，出入口は図の下にある。したがって，山本部長と田中課長が来訪した場合，（　④　）。そしてもし図Bの部屋に案内された場合には，（　⑤　）。

(1)　文中の（　①　）・（　②　）・（　③　）にあてはまる語句の組み合わせとして，最も適切なものを次のなかから一つ選びなさい。

　　ア．①上座・②席次・③下座　　　イ．①席次・②上座・③下座
　　ウ．①下座・②上座・③席次

(2)　文中の（　④　）にあてはまる文章として，最も適切なものを次のなかから一つ選びなさい。

ア．山本部長が座席イに座り，田中課長はその真向いの座席ハに座る。

イ．山本部長が座席ニに座り，田中課長は座席ハに座る。

ウ．山本部長が座席イに座り，田中課長は座席ロに座る。

(3)　文中の（　⑤　）にあてはまる文章として，最も適切なものを次のなかから一つ選びなさい。

ア．山本部長が座席ヌに座り，田中課長が座席リに座る。

イ．山本部長が座席チに座り，田中課長が座席トに座る。

ウ．山本部長が座席チに座り，田中課長が座席リに座る。

(1) ....　　(2) ....　　(3) ....

▍応用問題

問　社用車で移動するさい，最も地位が高い人が座る座席として，最も適切なものを一つ選び，記号を記入しなさい。ただし，運転をしているのは，目下の者とする。

....

▍発展問題

問　場面に応じた席次について，次のなかから適切でないものを一つ選びなさい。

（ビジネスコミュニケーション検定第９回一部修正）

ア．応接室では，客にはソファ（長椅子）をすすめ，自分は一人用の椅子に座った。

イ．上司が運転する車では，先輩が助手席に座り，自分は後部座席に座った。

ウ．エレベーターでは，自分が一番奥に立ち，客にはドアの前に立ってもらった。

....

第1節 ▶ 応対に関するビジネスマナー

10 電話の受け方・かけ方

基本問題

問　次の文章のうち，適切なものには〇，そうでないものには×を記入しなさい。

(1)　電話で話をするときには，相手からは自分が見えないので頬杖をついて足を組んで話した。

(2)　電話が鳴ったので，3回鳴るまでに受話器をとった。

(3)　自分あてに掛かってくる電話は少ないので，メモの用意は特段にしていない。

(4)　取引先から「いつでもご連絡ください」と言われていたので，昼休みや終業時に電話をするようにしている。

(5)　電話を掛けた相手が不在だったので，「何時ごろお戻りでしょうか」と帰社時間を確認した。

(1) ....　　(2) ....　　(3) ....　　(4) ....　　(5) ....

応用問題

問題1　電話の応対について，最も適切なものを次のなかから一つ選びなさい。

ア．自分の机の電話以外は，他のだれかが電話に出ると考えて，いつも4コール以上鳴ってから電話に出るようにしている。そのさい，間違い電話かもしれないので自分の社名や氏名は名乗る必要がない。

イ．メモをとりながら用件を聞き，when（いつ）・where（どこで）・who（だれが）・what（何を）・why（なぜ）・how（どのように）・how much（いくらで）・how many（どのくらい）といった点を確認している。

ウ．取引先から上司である佐藤課長に電話がかかってきたので，「佐藤課長は外出されています。お戻りになられたら，こちらから折り返しのお電話をさしあげましょうか」と応対した。

....

問題2　取引先に電話をかけたさいに，相手が不在だった場合の対応について，次のなかから適切でないものを一つ選びなさい。

ア．電話番号を伝えたうえで，「恐れ入りますが，お戻りになりましたら，お電話をいただけますでしょうか」と依頼する。

イ．「伝言をお願いしたのですが」「お言付けをお願いしてもよろしいでしょうか」と添えて，伝言をお願いする。

ウ．後で掛けなおすために，「何時ごろお戻りの予定でしょうか」と帰社時間を確認する。

エ．相手が不在だったため，「どうしても電話でお話がしたいので，ご自宅の電話番号を教えていただけないでしょうか」と丁重にお願いした。

....

発展問題

問題1　電話の対応についての説明で，次のなかから最も適切なものを一つ選びなさい。

(ビジネスコミュニケーション検定第1回一部修正)

ア．用件が終わったが，かかってきた電話なので相手が切るまで待っていた。

イ．用件を聞いてメモしたので，あえて復唱はしなかった。

ウ．仕事が忙しかったので，先方の昼休み中だったが，電話をかけた。

....

問題2　電話の受け方について，次のなかから適切でないものを一つ選びなさい。

(ビジネスコミュニケーション検定第4回一部修正)

ア．電話がかかってきたら，「はい。○○会社○○課○○です」と会社名・部署名・名前をはっきりと名乗る。

イ．「○○会社の○○様でいらっしゃいますね」と相手の会社名・名前などを復唱しながらメモを取る。

ウ．担当者に取り次ぐさいには，通話中の状態で「○○会社の○○様からお電話です」と相手にも聞こえるような大声で伝える。

....

第2節 ▶ 交際に関するビジネスマナー

1 慶事

基本問題

問 次の(1)〜(5)について，（　　　）にあてはまる適切な語句を解答群から一つ選び，記号を記入しなさい。

(1) 勲章や褒章などを受けることを（　①　）という。

(2) 長寿を祝う賀寿には，60歳の還暦や70歳の（　②　）などがある。

(3) 形だけで誠意のない，意味のない儀礼をやめることを（　③　）という。

(4) 結婚祝の祝儀袋は，結びきりの（　④　）を使用する。

(5) 祝儀袋は（　⑤　）に包んで持参する。

●● 解答群 ●●

ア．袱紗　　イ．古希　　ウ．受章　　エ．虚礼廃止　　オ．水引

(1) ....　　(2) ....　　(3) ....　　(4) ....　　(5) ....

応用問題

問題1　次の文章のうち適切なものには〇，そうでないものには×を記入しなさい。

ア．結婚式の招待状が届き，「平服でお越しください」と書いてあったので，当日はTシャツにジーパンで行くことにした。

イ．結婚式の会場に取引先の資材購買部長がいたので，積極的に話しかけて営業活動をおこない，サンプルを提示した。

ウ．結婚式のお祝いとして祝儀袋を用意し，紫色の袱紗に包んで持っていくことにした。

エ．返信用のはがきに記載してあった「御」「御欠席」などに二重線を引き，表書の「行」を「様」に修正して，「この度はおめでとうございます」と一言添えた。

オ．職場内の同僚から披露宴の招待状を受け取ったので，なるべく早めに出欠の返事を出した。

(1) .... (2) .... (3) .... (4) .... (5) ....

問題2　同僚の鈴木次郎さんが結婚することになり，披露宴の案内状とともに返信用はがきが送られてきた。このとき返信にあたり，最も適切なものを次のなかから一つ選びなさい。

ア．「行」を「様」に修正し，「様」は二重線で消した「行」の下に記入した。

イ．「行」を「様」に修正し，「様」は二重線で消した「行」の左横に記入した。

ウ．「行」を「様」に修正し，「様」は二重線で消した「行」の斜め上に記入した。

....

問題3　次の文章の空欄にあてはまる語句を漢字2文字で記入しなさい。

　同僚の田中社員は○○地区の売上高を大幅に伸ばした功績で，トップセールス賞を受けることになった。このような賞を受けることを（　　　　　）という。

....

発展問題

問　長寿の祝いの説明で，①～③に入る語の組み合わせとして，次のなかから最も適切なものを一つ選びなさい。　　　　　　　　　　　　　（ビジネスコミュニケーション検定第9回）

　節目の年齢に長寿をお祝いすることを「①」といい，60歳を祝う「還暦」からはじまり，70歳を祝う「古希」，77歳を祝う「②」，80歳を祝う「傘寿」，88歳を祝う「③」，90歳を祝う「卒寿」などがある。

　ア．①栄転　②喜寿　③皇寿　　イ．①賀寿　②喜寿　③米寿

　ウ．①賀寿　②茶寿　③白寿　　エ．①叙勲　②百寿　③米寿

....

第2節 ▶ 交際に関するビジネスマナー

2 弔事

基本問題

問題1　次の(1)〜(5)について，（　　）にあてはまる適切な語句を解答群から一つ選び，記号を記入しなさい。

(1)　仕事関係で不幸があったが，通夜や葬儀に参列できない場合に送るお悔やみの電報のことを（　①　）という。

(2)　故人の霊前に供える線香やお花，抹香の代わりに，お供え物を購入するために用いる弔意の意味を込めた金銭を（　②　）という。

(3)　葬儀や法事のさい，金品を包む袋のことを（　③　）という。

(4)　仏式の通夜や告別式で，お香を焚くことを（　④　）という。

(5)　神式の通夜や葬儀，告別式では玉串を祭壇に捧げる。これを（　⑤　）という。

●● 解答群 ●●

ア．玉串奉奠　　イ．不祝儀袋　　ウ．焼香　　エ．弔電　　オ．香典

(1) ....　　(2) ....　　(3) ....　　(4) ....　　(5) ....

問題2　次の不祝儀袋の説明として，最も適切なものを一つ選び，記号を記入しなさい。

ア．キリスト教の通夜や告別式などで用いられる不祝儀袋である。この他に白無地の封筒などを用いることもある。

イ．神式の通夜や告別式などで用いられる不祝儀袋である。白無地で，水引は黒白または双銀の結びきりを用いる。

ウ．各宗教共通で使用できる不祝儀袋で，水引は黒白または双銀の結びきりを用いる。

....

問題1　神式の葬儀におけるマナーとして，最も適切なものを次のなかから一つ選びなさい。

ア．祭壇に進み，遺族に一礼をしてから，神官の前に出て，玉串を神官から受け取り，祭壇に
　　玉串を供えて大きく柏手（かしわで）を打つ。

イ．抹香台に進み，遺族に一礼し，遺影に一礼する。その後指先で抹香をつまみ，目の高さに
　　押しいただいてから，抹香を香炉に入れる。

ウ．祭壇に進み，遺族に一礼をしてから，神官の前に出て，玉串を神官から受け取り，祭壇に
　　玉串を供えて二拝二拍手一拝する。

　　　　　　　　　　　　　　　　　　　　　　　　　　　　　　　　　　　　　　.....................

問題2　一般的な弔事のマナーとして，次のなかから適切でないものを一つ選びなさい。

ア．葬儀での弔意の表し方として，神式では玉串奉奠，キリスト教式では献花などがある。

イ．男性の弔問時の服装は，黒いスーツに白無地のワイシャツ，黒のネクタイが基本である。

ウ．香典はズボンのポケットなどに入れるのではなく，地味な赤色の袱紗に包んで持参する。

　　　　　　　　　　　　　　　　　　　　　　　　　　　　　　　　　　　　　　.....................

発展問題

問　通夜に参列する際の「女性の身だしなみ」について，次のなかから最も適切なものを一つ選
　　びなさい。　　　　　　　　　　　　　　　　　　　　（ビジネスコミュニケーション検定第5回）

ア．ヘアアクセサリーをつける場合は，華美でなければどんな色でもよい。

イ．アクセサリーは外さなければならないが，真珠のネックレスや結婚指輪はしてもよい。

ウ．バッグは，ワニ革や毛皮など高級感のあるものを持参していくとよい。

エ．ストッキングは，黒色であれば模様やラメなどの装飾が入っていてもよい。

　　　　　　　　　　　　　　　　　　　　　　　　　　　　　　　　　　　　　　.....................

第2節 ▶ 交際に関するビジネスマナー

③ 食事のマナー

基本問題

問　次の(1)〜(5)について，（　　　）にあてはまる適切な語句を解答群から一つ選び，記号を記入しなさい。

(1)　食事はコミュニケーションの機会も生み出す場であるため，他者と食事をすることを「個食」(孤食) に対して，（　①　）ということもある。

(2)　食事や茶などを出して，人をもてなすことを（　②　）という。

(3)　和室に設けられる日本の伝統的な造りで，床より一段高くなった座敷飾りを（　③　）という。

(4)　フランス料理やイタリア料理といった西洋料理ではナイフやフォーク，スプーンといった金物が用いられ，これらを総称して（　④　）という。

(5)　箸を持つ場合には，親指と人さし指，（　⑤　）の3本でつまむように持つ。

●●解答群●●

ア．接待　　イ．床の間　　ウ．カトラリー　　エ．中指　　オ．共食

(1)................　　(2)................　　(3)................　　(4)................　　(5)................

応用問題

問題1　洋食のマナーとして，次のなかから適切でないものを一つ選びなさい。

ア．ナイフは右手，フォークは左手で持つのが基本である。

イ．フルコースの場合，皿の両側にあるナイフとフォークは外側から使う。

ウ．飲むものによってグラスを使い分けるので，グラスの種類を熟知しておかなければ飲み物を飲むことができない。

エ．ナプキンは，最初の料理が出される前に二つ折りにして膝の上に乗せる。

問題2 中国料理のマナーとして，最も適切なものを次のなかから一つ選びなさい。

ア．回転テーブルは反時計回りで回す。

イ．料理をとる際は，回転テーブルを回し，自分の正面に移動させて座ったままとる。

ウ．自分と反対側にある料理については立ち上がって取る。

エ．回転テーブルには上座も下座もないので，どの席に座ってもよい。

- -

問題3 次の文章の中から，最も適切なものを一つ選びなさい。

ア．ナイフやフォーク，スプーンなどをカトラリーといい，使う順番に外側から内側に並べられているので，外側のものから使うようにする。

イ．非常に美味しくフランス料理をいただいたので，ナプキンを綺麗にたたんでテーブルの上にきちんと置いて帰った。

ウ．食事中にナイフとフォークを置く必要があったので，ナイフの刃は内向きとし，フォークの先は下を向くようにして，きちんと揃えて置いた。

エ．食事中に口元が汚れたので，ナプキンの外側を使って口元を拭いた。

- -

問題4 新入社員のA君は，営業部長・第一営業課長・第一営業課係長・第一営業課主任B・第一営業課主任Cの5人とともに，和室を訪れた。このとき最も適切と思われるものを次のなかから一つ選びなさい。

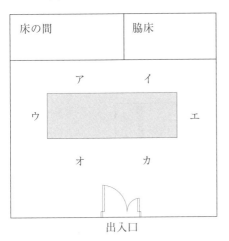

出入口

ア．A君はアの座席に座り，第一営業課長はイの座席に座った。

イ．A君は座席オに座り，第一営業課係長はカの座席に座った。

ウ．A君は座席カに座り，営業部長は座席アに座った。

- -

第2節 ▶ 交際に関するビジネスマナー

4　贈答のマナー

基本問題

問題1　次の(1)〜(5)について，（　　　　）にあてはまる適切な語句を解答群から一つ選び，記号を記入しなさい。

(1)　お世話になっている相手に感謝の気持ちをあらわすために7月上旬から15日頃を目安に品物やカタログを贈るのは，（　①　）である。

(2)　お世話になっている相手に感謝の気持ちをあらわすために12月上旬から20日頃を目安に品物やカタログを贈るのは，（　②　）である。

(3)　社屋などが完成したことを祝う式は，（　③　）である。

(4)　贈り物に奉書をかけて結び留めるものを（　④　）という。

(5)　贈り物が配送されたきたときには，マナーとして（　⑤　）以内にお礼状を出すとよい。

●● 解答群 ●●

ア．3日　　イ．お歳暮　　ウ．落成式　　エ．お中元　　オ．水引

(1) ....　　(2) ....　　(3) ....　　(4) ....　　(5) ....

問題2　知人の出産のお祝いを贈るさい，最も適切な水引を次のなかから一つ選びなさい。

ア　　　　　　　　　　イ　　　　　　　　　　ウ

....

問題1　手みやげを持参して取引先を訪問した場合の説明で，次のなかから最も適切なものを一つ選びなさい。

　　ア．担当者に挨拶をするときに，袋などから出して渡した。

　　イ．担当者との打ち合わせが終わり，帰るときに袋ごと渡した。

　　ウ．訪問時の受付で，袋ごと受付の担当者に渡した。

問題2　贈答のマナーとして，次のなかから適切でないものを一つ選びなさい。

　　ア．お中元やお歳暮を贈る時は，水引は赤白の蝶結びとした。

　　イ．お歳暮は1月初旬から20日頃を目安に送るようにしている。

　　ウ．不祝儀袋の水引を黒白のあわじ結びとした。

発展問題

問　祝儀袋，不祝儀袋の水引についての説明で，①〜④に入る語の組み合わせとして，次のなかから最も適切なものを一つ選びなさい。　　　　　（ビジネスコミュニケーション検定第8回）

　水引の結び方は大きく分けて，一度結ぶと引っ張ってもほどけない①と，何度でも結べる②がある。結婚式や病気・災害見舞い，弔事では「一度きり」という意味で①を，出産，長寿の祝いなどの慶事一般では「何度あってもよい」という意味で②を用いる。

　水引の色は慶事では③，赤金のいずれかを，弔事では④，青白，黄白のいずれかを用い，濃い色が右，薄い色が左になるよう結んである。

　　ア．①蝶結び・②あわじ結び・③黒白，銀・④紅白，金銀

　　イ．①結びきり・②蝶結び・③黒白，銀・④紅白，金銀

　　ウ．①蝶結び・②結びきり・③紅白，金銀・④黒白，銀

　　エ．①結びきり・②蝶結び・③紅白，金銀・④黒白，銀

第3節 ▶ 接客に関するビジネスマナー

1 接客の心構えと方法

基本問題

問題1 次の文章のうち，内容が適切なものには○，そうでないものには×を記入しなさい。

(1) 顧客は大切な時間を使って商品やサービスを求めて来店するので，まず数多くある店舗のなかで，自分達を選んでくれたことに感謝をして接することが重要である。

(2) 顧客一人ひとりが何を求めているかを把握することはほぼ不可能なので，店舗で無表情に立っていれば，顧客のほうから説明を頼みにくる。

(3) 商品やサービスについて専門的な知識を熟知して，自分自身が好きになるという心構えを持つことで，商品やサービスの魅力をよりわかりやすく伝えようという姿勢に変わる。

(4) 接客の基本には動作や立ち振る舞いも含まれるので，顧客を待たせないように多少物音がしても在庫を急いで運び，片手で商品を渡すようにしている。

(5) 顧客が目の前にいなくても，スタンバイスマイルを心がけ，いつでも笑顔で対応できるようにしている。

(1) ....　　(2) ....　　(3) ....　　(4) ....　　(5) ....

問題2 客が来店したさいの接遇として，最も適切なものを次のなかから一つ選びなさい。

ア．「何を求めているのかをすばやく把握する」ことが大事なので，顧客に無駄な時間をとらせないように，購入の意思の有無を単刀直入に聞いた。

イ．「商品やサービスについて熟知する」ことが大事なので，顧客が来店したさいも，声をかけられるまで商品説明の書類を熟読していた。

ウ．「一人ひとりの顧客を大切にする」ことが大事なので，顧客の来店時には「いらっしゃいませ」と明るく挨拶し，笑顔で迎え入れた。

エ．床で転んだ顧客がいたが，マニュアルにはそうしたさいの対応については何も書かれていなかったので放置した。

....

応用問題

問　販売員の接客方法として，次のなかから適切でないものを一つ選びなさい。

ア．商品を両手で手渡すことや物音を立てないこと，指をそろえること，ゆっくりと商品を提供することなどを常に心がけている。

イ．接客の基本は笑顔なので，いつでも笑顔になれるようにスタンバイスマイルを心がけている。

ウ．在庫管理は販売員にとって何より重要なことなので，売り場が混雑していたり，トラブルが発生していたりしていても，商品の整理を優先的におこなっている。

....

発展問題

問題1　販売員の接遇について，次のなかから適切でないものを一つ選びなさい。

(ビジネスコミュニケーション検定第2回)

ア．「いらっしゃいませ」「ありがとうございました」など，心を込めてあいさつをする。

イ．売り場にいるときも，社員同士の私的な会話を心がけて人間関係を深める。

ウ．清潔感のある服装や化粧，髪型を心がけて顧客に接する。

エ．顧客の年齢や性別，買い物量や買い上げ金額によって差別せず，公平に接する。

....

問題2　販売員の顧客への商品説明について，次のなかから適切でないものを一つ選びなさい。

(ビジネスコミュニケーション検定第3回一部修正)

ア．インターネットの書き込みをまとめて，あたかも自分のことのように話す。

イ．自分で商品を手に入れて，実際に使ってみた様子を話す。

ウ．展示会や工場見学会などに参加して，問屋やメーカーから説明されたことを話す。

エ．すでに商品を購入して使用している顧客から，直接聞いたことを話す。

....

第3節 ▶ 接客に関するビジネスマナー

2　ホスピタリティの概念と重要性

基本問題

問　次の文章のうち，内容が適切なものには〇，そうでないものには×を記入しなさい。

(1)　ホスピタリティとは，「心からのもてなし」や「歓待の精神」という意味で，接客だけではなく，医療現場や地域社会でもその重要性が増している。

(2)　心がこもらない接客であっても，対価にみあった商品やサービスを提供しているので，ホスピタリティを発揮しているといえる。

(3)　経済活動の重点がサービス業に移行するにつれて，ホスピタリティの重要性も増していくと考えられる。

(4)　サービス業が生み出す付加価値や雇用が増加していくことをサービス経済化という。

(5)　マニュアルどおりに対応し，顧客の期待の範囲内でニーズに応えるだけであっても，ホスピタリティといえる。

(1) .... 　　(2) .... 　　(3) .... 　　(4) .... 　　(5) ....

応用問題

問題1　大雨が降っている最中に顧客が来店し，傘を持っていなかったせいかその顧客は雨に濡れて寒そうに震えていた。ホスピタリティのある接客として，最も適切な選択肢を次のなかから一つ選び，記号で答えなさい。

ア．マニュアルには公平に顧客に接することは書かれていたが，雨に濡れて寒そうにしている顧客に対しては何も書かれていなかった。そのため，見て見ぬふりをしていた。

イ．傘を持っていないことが推察できたので，「こちらの傘は 1,000 円ですが，ワンタッチで傘が開ける仕様になっています」と商品説明を開始した。

ウ．衣服が雨に濡れて寒そうだったので，マニュアルには書かれていなかったがタオルとブランケットを手渡した。

....

問題2　ホスピタリティのある接客として，最も適切と思われるものを次のなかから一つ選びなさい。

ア．顧客が購入を希望している商品が店舗にないときには，たとえ取り扱いをしている他の店舗に心当たりがあっても教える必要はまったくない。

イ．高齢の顧客が「柔らかい肉が食べたいのですが」と注文してきたが，「当店のお肉はどれも同じ肉です」と返答した。

ウ．商品を手提げ袋に入れる際に，顧客が他の店舗で購入した商品ももっていたので，「おまとめしましょうか」といって大き目の袋で一つにまとめた。

エ．購買予約の商品が予定よりも早く入荷したが，その顧客に告げた日時よりもかなり早かったので，特段に連絡もしなかった。

⋯⋯⋯⋯⋯⋯⋯⋯

発展問題

問　ある老舗の旅館は，高齢の宿泊客や障がいのある宿泊客にも快適な旅行を楽しんでもらえるように，段差をなるべく少なくし，浴室の床も滑りにくい素材にするなどの改良をおこなった。そこである従業員が，ホスピタリティの観点から（　　　　　　）という提案をおこない，経営者はその提案も受け入れることにした。この（　　　　　　）にあてはまる文章として，最も適切なものを次のなかから一つ選びなさい。

ア．工事代金もかかりましたし，投下した資金を早期に回収するために宿泊代金の値上げに踏み切りましょう。

イ．設備の改良だけでなくお客様に旅を楽しんでいただくために，減塩やカロリーなどお食事の希望や布団やベッドなど寝具の選択などもできるようにしましょう。

ウ．設備の改良は完全に法令どおりおこなったので，マニュアルを作成してそれ以上のことはお客様ご自身でやってもらうことにしましょう。

⋯⋯⋯⋯⋯⋯⋯⋯

第1節 ▶ ビジネスにおける思考の方法

1 論理的な思考の方法①

基本問題

問　次の文章のうち，内容が適切なものには〇，そうでないものには×を記入しなさい。

(1) ビジネスにおいては，論理的に物事を考えて，論理的に考えたことを表現することが重要になる。

(2) 論理的でない思考方法をとっていても，コミュニケーションをとるのに時間がかかることなく，ビジネスの効率が低下することもない。

(3) 大前提から考え方をいろいろと発展させて結論を出すことを演繹法という。

(4) 大前提が間違っていても結論を間違えることは絶対にない。

(5) さまざまな事象から共通することがらを発見し，結論を導き出す考え方を帰納法という。

(1) ＿＿＿＿＿　　(2) ＿＿＿＿＿　　(3) ＿＿＿＿＿　　(4) ＿＿＿＿＿　　(5) ＿＿＿＿＿

応用問題

問題1　ある企業が製造した商品に欠陥が発見された。A君はその報道を知って，自分が持っている商品を調べてみるとその企業が製造したものだった。そこでA君は自分が持っている商品にも欠陥があるかもしれないという結論に達した。

(1) この事例においてA君が採用した考え方は次のどれか，適切なものを一つ選びなさい。
　　ア．演繹法　　イ．帰納法　　ウ．演繹法と帰納法を組み合わせた方法

(2) 文中の下線部についてあてはまるものは次のどれか，適切なものを一つ選びなさい。
　　ア．大前提　　イ．事象　　ウ．結論

(1) ＿＿＿＿＿　　(2) ＿＿＿＿＿

問題2　あるスーパーマーケットは販売記録を調査して，「気温が20度のときのアイスコーヒ

ーの販売数量は 8 本である」「気温が 22 度のときの販売数量は 13 本である」「気温が 29 度のときの販売数量は 23 本である」といった事象から,「気温が高くなればなるほどアイスコーヒーの販売数量は増加する」という結論を出した。そしてその結論を仕入計画に活用することにした。

(1) この事例においてスーパーマーケットが採用した考え方は次のどれか, 適切なものを一つ選びなさい。

　　ア. 演繹法　　イ. 帰納法　　ウ. 演繹法と帰納法を組み合わせた方法

(2) この思考方法を採用する場合, 留意すべき点として適切なものは次のどれか, 最も適切なものを一つ選びなさい。

　　ア. 大前提が間違っていると結論も間違えることになるので注意する。

　　イ. 一定の数の事象を集めてから結論を出さないと間違った結論になる可能性があるので注意する。

　　ウ. 大前提と事象を強引に関係づけることで間違った結論になるので注意する。

　　(1) ....　　　(2) ....

問題 3　ある企業は「売上高をあげなければならない」という大前提を決定し, その大前提から「広告宣伝費を増やすことで商品が消費者に認知されて売上高は伸びるはずだ」といった提案が提出された。営業部長は最終決定を出す前に,「広告宣伝費を増加させる前に広告宣伝費と売上高の関係はどうなっているのか調べなければならない。」といって他社の事例や自社の過去の調査を決定した。

(1) この事例においてこの企業が採用した考え方は次のどれか, 適切なものを一つ選びなさい。

　　ア. 演繹法　　イ. 帰納法　　ウ. 演繹法と帰納法を組み合わせた方法

(2) こうした思考方法の特徴として, 最も適切なものを次のなかから一つ選びなさい。

　　ア. 正しい意思決定が可能になり, 説得力のある意見を述べることができる。

　　イ. 正しい意思決定は可能になるが, ビジネスの効率は低下する。

　　ウ. 正しい意思決定はできないが, コミュニケーションは円滑になる。

　　(1) ....　　　(2) ....

第1節 ▶ ビジネスにおける思考の方法

② 論理的な思考の方法②

基本問題

問　次の(1)〜(5)について，（　　　）にあてはまる適切な語句を解答群から一つ選び，記号を記入しなさい。

(1)　「モレなく，ダブりがない」という意味の略語で，この考え方を採用することで，大きく複雑な問題も小さく単純な問題に分割して考えることができる。

(2)　物事を論理的に考えるさいに，大きく複雑な問題を一定の切り口にそって小さな要素に分割して，あたかも樹形図のような形に展開していくもの。

(3)　意思決定をおこなう際に，強み・弱み・機会・脅威に分けて問題点の整理や状況分析をおこなう手法。

(4)　企業を取り巻く環境のうち，企業にとってコントロールが可能な人事・製造・財務などの状態のこと。

(5)　企業を取り巻く環境のうち，企業にとってコントロールができない国民経済の動向や法令の変更，技術革新などの状態のこと。

●● 解答群 ●●

ア．外部環境　　イ．ロジックツリー　　ウ．MECE　　エ．内部環境　　オ．SWOT 分析

(1)＿＿＿＿＿　　(2)＿＿＿＿＿　　(3)＿＿＿＿＿　　(4)＿＿＿＿＿　　(5)＿＿＿＿＿

応用問題

問題1　次の文章はある会社の会議の様子である。文章を読んで問いに答えなさい。

議長「さきほどから活発な議論がおこなわれているが，同じ話が重複してでてきたり，重要な論点が抜け落ちたりしてなかなか前に進まない。何か良い方法はないだろうか」

社員A「モレなくダブりがないことを（　①　）といいますが，それを実現するために樹形図のように図解して論点を整理する方法があります」

議長「その方法を採用して，ホワイトボードに書いて議論を進めていこう。売上高の低迷の要因

についてはどうだろうか」

社員B「商品・価格・販売促進・流通経路の4つに分解すればモレもダブリもないと思います」

社員C「商品そのものに魅力がないという消費者の声があります」

議長「なぜ商品に魅力がないのか図に書き込んでいこう」

社員A「機能が古びているということと，（　②　）ということでしょう」

議長「なるほどね。この調子でまず要因を小さく分析していって打開策を考えていこう」

(1)　文中の（　①　）にあてはまる用語として，最も適切なものを一つ選びなさい。

　　　ア．SWOT分析　　　イ．Strength　　　ウ．MECE

(2)　下線部が表す方法として，最も適切なものを一つ選びなさい。

　　　ア．SWOT分析　　　イ．MECE　　　ウ．ロジックツリー

(3)　文中の（　②　）にあてはまる要因として，最も適切と思われるものを次のなかから一つ選びなさい。

　　　ア．有力な卸売業者が経営破綻して営業を停止した

　　　イ．競合他社と比較して広告宣伝費が少ない

　　　ウ．耐久性や安全性など品質に課題がある

(1) ....　　　(2) ....　　　(3) ....

問題2　あるコンビニエンスストアは，商品の配達サービスを展開していることが強みで，住宅地に近くて，歩行を好まない高齢者世帯が増えているのが機会となっている。このときこのコンビニエンスストアが展開する方策として，最も適切と思われるものを次のなかから一つ選びなさい。

　　ア．チキンナゲットやハムカツなどのカウンターフーズの在庫管理を徹底し，食材の廃棄量を減少させることにした。

　　イ．住宅地の家庭や高齢者をターゲットにした食材の宅配サービスを充実させることにした。

　　ウ．店舗の整理・清掃・整頓を充実させるとともに，コロッケや焼き鳥などカウンターフーズをさらに増やすことにした。

....

第1節 ▶ ビジネスにおける思考の方法

③ 論理的な思考の方法③

基本問題

問題1　次の(1)〜(3)について，（　　　）にあてはまる適切な語句を解答群から一つ選び，記号を記入しなさい。

(1)　「低価格である」「カジュアルである」といった，消費者が商品やサービスの購入を決めるときの決め手となる要因を（　①　）という。

(2)　縦軸と横軸の2つの軸から構成されたグラフに，競合他社の商品やサービスのポジションや自社の商品やサービスのポジションをマッピングしたものを（　②　）という。

(3)　縦軸に市場成長率，横軸に市場占有率をとって4つの象限に区分して，ヒト・モノ・カネ・情報といった経営資源の配分に役立てる分析を（　③　）という。

●● 解答群 ●●

ア．ポジショニングマップ　　イ．PPM分析　　ウ．購買決定要因（KBF）

(1) ....　　(2) ....　　(3) ....

問題2　次の語句の説明として，最も適切なものを解答群から一つずつ選び，記号を記入しなさい。

(1)　市場占有率が低く，市場成長率は高いので，資金の流入量は少ないが，流出量は大きい。したがって，その事業から撤退するか育成していくかが課題となる事業である。

(2)　市場占有率も市場成長率も低いので，なるべく早くに撤退することが課題となる事業である。

(3)　市場占有率も市場成長率も高いので，資金の流入量も大きいが，その代わり資金の流出量も大きい事業である。

(4)　市場占有率が高く，市場成長率が低いので，資金の流入量が大きく流出量が少ない収益性の高い事業である。

●● 解答群 ●●

ア．花形　　イ．金のなる木　　ウ．問題児　　エ．負け犬

(1) .... (2) .... (3) .... (4) ....

応用問題

問題1 複数の製品や事業を手がけている企業にとっては，PPM分析は経営資源の配分を決定するさいにきわめて有用な方法となる。その一方でその欠点も指摘されているが，その理由として最も適切なものを次のなかから一つ選びなさい。

ア．PPM分析では，それぞれの事業が相互に良い刺激や影響を与えることもあるはずだが，そうした効果を反映できていないのが欠点である。

イ．「強み」や「弱み」は人によってとらえ方が異なると同時に，「強み」が「弱み」に，逆に「弱み」が「強み」に転じることもある点が欠点である。

ウ．議論の前提となる「大前提」が間違っていると結論も間違えてしまうので，注意が必要な点が欠点である。

....

問題2 次の図は，複数の商品を手がけている企業が作成したPPM分析の図である。

この PPM分析の図からいえることとして，最も適切と思われるものを一つ選び，記号で記入しなさい。

ア．D商品は市場成長率も市場占有率も低いが，これから資金を投入して花形に育成していくことが課題である。

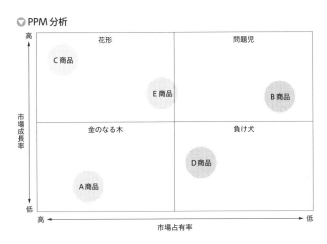

● PPM分析

イ．C商品とE商品は市場成長率も市場占有率も高いので，これから問題児になることが確実である。

ウ．B商品については，この事業から撤退するか，あるいは資金を投入して花形に育成していくことが課題である。

....

第1節 ▶ ビジネスにおける思考の方法

1 論理的な思考の方法④

基本問題

問　次の文章のうち，内容が適切なものには〇，そうでないものには×を記入しなさい。

(1) 論理的思考を展開する場合，信頼性の高い情報を頼りにして意思決定をおこなわなければ，最終的な意思決定そのものも間違えてしまう。

(2) インターネットは社会の情報インフラを支えるネットワークなので，相互に矛盾する情報やデマが入り混じることはない。

(3) 提供されている情報が，利害関係者の意思決定にどの程度適合しているのかという性質を情報の妥当性という。

(4) 情報の信頼性と妥当性を一定水準以上満たしている情報こそが有用な情報である。

(5) 直観や偏見，先入観などといった，正しい意思決定を妨げる思考の偏りをクリティカル・シンキングという。

(1) ....　　(2) ....　　(3) ....　　(4) ....　　(5) ....

応用問題

問題1　正しい意思決定を妨げる思考の偏りには，正常性バイアス・後知恵バイアス・確証バイアスなどがある。このうち正常性バイアスにあてはまるものには〇，そうでないものには×を記入しなさい。

(1) 災害や事故などの予測できないことがらに対して，「自分は大丈夫」と根拠のない自信をもつこと。

(2) 高齢者の運転による事故のニュースをよく見かけるため，若者の運転による事故はあまり起こらないと思っている。

(3) 猛烈な勢力の台風が近づいているが，「自分が被害に遭うことはないだろう」と思い，特に対策はしなかった。

(4) 物事が起きてからそれが事前に予想可能であったと考える傾向のこと。

(5) 火災報知器が鳴ったが,「どうせ故障か何かだろう」と思い, 特段に避難することもなく普通に過ごしていた。

(1) .... (2) .... (3) .... (4) .... (5) ....

問題2 次の文章を読んで, 問いに答えなさい。

A社の商品企画部では, 新作の衣料品についてその仕様の企画を進めていた。入社1年目のBさんは, インターネットの掲示板の書き込みをもとに, (a) 自分の意見を補強してくれそうな書き込みを選んで報告書にまとめて提出した。しかしながら先輩のCさんから注意されて, あらためて過去の販売実績や市場調査など信頼性の高い数値をもとに, (b) さまざまなデータを大量に詰め込んだ報告書を作成した。

(1) 下線部 (a) の報告書の欠点として, 最も適切なものを次のなかから一つ選びなさい。

　ア. インターネットの掲示板の情報は信頼性が低いうえに, 正常性バイアスがはたらいている可能性がある。

　イ. インターネットの掲示板の情報は信頼性が低いうえに, 確証バイアスが働いている可能性がある。

　ウ. インターネットの掲示板の情報は, 信頼性は高いが, 確証バイアスが働いている可能性がある。

(2) 下線部 (b) の報告書の欠点として, 最も適切なものを次のなかから一つ選びなさい。

　ア. 信頼性の高い情報で構成されているが, 必ずしもすべてのデータに妥当性があるとは限らないのが欠点である。

　イ. 妥当性の高い情報で構成されているが, 必ずしもすべてのデータに信頼性があるとは限らないのが欠点である。

　ウ. たとえそれが自分の身長や体重に関するデータであっても信頼性はあるので, この報告書に欠点はない。

(1) .... (2) ....

第2節 ▶ ビジネスにおけるコミュニケーション

1 言語コミュニケーションと非言語コミュニケーション

基本問題

問題1 次の文章のうち，内容が適切なものには○，そうでないものには×を記入しなさい。

(1) ビジネスの諸活動を円滑におこなうためには，さまざまな価値観や文化的背景をもつ人たちと相互に考えを伝えあい，人間関係を構築することが大切である。

(2) 言語コミュニケーションとは，会話や電子メール，印刷物など言葉と文字による相互の意思の交流を指すが，手話は含まれない。

(3) 言語以外によりコミュニケーションをはかる方法を非言語コミュニケーションという。

(4) 表情やジェスチャー，合図などは非言語コミュニケーションに含まれるが，沈黙や肌のふれあいなどは非言語コミュニケーションには含まれない。

(5) 周辺言語コミュニケーションは，声の大小や高低，長短，リズムのとり方などを指し，これらを自在に操って発信者の意思を伝える。

(1) ....　　(2) ....　　(3) ....　　(4) ....　　(5) ....

問題2 次の図はアメリカの心理学者アルバート・メラビアンが 1970 年代初頭に発表したメラビアンの法則を円グラフにしたものである。

　　図のなかの ① ・ ② ・ ③ にあてはまる語句の組み合わせとして，最も適切なものを次のなかから一つ選びなさい。

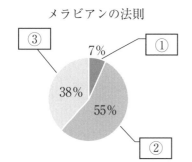

メラビアンの法則

ア．①視覚情報・②言語情報・③聴覚情報
イ．①言語情報・②聴覚情報・③視覚情報
ウ．①言語情報・②視覚情報・③聴覚情報

....

問　コミュニケーションをとるうえで，次のなかから適切でないものを一つ選びなさい。

ア．相手の人格や価値観を尊重している。

イ．社内であっても社外であっても誠意をもって人と接している。

ウ．常に相手の立場にたって考えるようにしている。

エ．午前中は眠いので無表情で過ごすようにしている。

....

発展問題

問題1　コミュニケーションの種類について，次のなかから適切でないものを一つ選びなさい。

(ビジネスコミュニケーション検定第3回)

ア．人と人が直接会っておこなう直接的なものと，印刷物や電子メールを通じた間接的なものがある。

イ．会話や印刷物を用いておこなう言語によるものと，身振り手振りや表情・態度による非言語によるものがある。

ウ．電子メールや手紙などの映像によるものと，テレビ会議など文字によるものがある。

エ．会議や打ち合わせなど公式なものと，休憩時や懇親会での会話など非公式なものがある。

....

問題2　職場でのコミュニケーションについて，次のなかから最も適切なものを一つ選びなさい。

(ビジネスコミュニケーション検定第1回)

ア．上司に報告や連絡をする場合は，文書やメールでおこなうのが原則であり，必ずしも直接顔を合わせておこなう必要はない。

イ．職場では，自分から積極的にコミュニケーションをとるよりも，相手の様子をうかがい，いつでも対応できるような，控えめで受け身の姿勢が尊ばれる。

ウ．自分の意見が正しいと思ったときは，人の意見に左右されず，熱意をもって信念を貫き通さなければならない。

エ．自分と年齢や立場，考え方が異なるどんな相手に対しても，相手を尊重し，敬意をはらい，等しく接することが大切である。

....

第2節 ▶ ビジネスにおけるコミュニケーション

2 話し方と聞き方の基本

基本問題

問題1 次の文章のうち，内容が適切なものには〇，そうでないものには×を記入しなさい。

(1) 取引先や上司，同僚など，相手の関係性に応じて話し方を変えるようにしている。

(2) 取引先と話すときには外来語や専門用語を多用して，格調高く見せている。

(3) 相手の理解度を確認しながら話をしている。

(4) 相手としっかり目を合わせることや，声を大きめにすることを意識し，好印象となる挨拶や返事をするようにしている。

(5) 話し方と姿勢や表情は無関係なので，姿勢を崩して無表情で話をしている。

(1) ....　　(2) ....　　(3) ....　　(4) ....　　(5) ....

問題2 次の(1)～(5)について，（　　　）にあてはまる適切な語句を解答群から一つ選び，記号を記入しなさい。

(1) （　①　）とは，話をただ聞くのではなく，注意を払って，より深く，丁寧に耳を傾けることである。

(2) 「外は暑かったですか」など答えが限定されている質問を（　②　）という。

(3) 「この案についてどう思いますか？」のように話し手が自由に回答できる質問のことを（　③　）という。

(4) 相手の言葉をそのまま繰り返すことを（　④　）という。

(5) 主張はしっかりおこなうものの，相手にも配慮することを（　⑤　）という。

●● 解答群 ●●

ア．アサーション　　イ．オープンクエスチョン　　ウ．クローズドクエスチョン
エ．傾聴　　オ．オウム返し

(1) ....　　(2) ....　　(3) ....　　(4) ....　　(5) ....

問　次の文章を読み，問いに答えなさい。

　東法太郎君は入社1年目の新入社員である。取引先との商談が事前に迫ってきたので，その準備をおこなっていた。上司からはお客様のご要望をくみ取り，満足いただける企画書の作成につなげるようにという指示を受けている。

　「初対面のお客様だから，いきなり答えにくい質問をするのも考えものだ。まずは (a) 答えが限定されていて答えやすい質問から始めていこう」と計画を練った。

　また，「自分が話すよりもまず (b) お客様のお話を，注意を払って，丁寧に耳を傾けることにしよう。そしてどんな話でも最後まで耳を傾けると同時に，「はい」「そうなんですか」といった適切な（　　　　）を打つことにしよう」と計画した。

(1)　下線部 (a) のことを何というか，最も適切なものを次のなかから一つ選びなさい。

　　　ア．オープンクエスチョン　　　イ．クローズドクエスチョン　　　ウ．アサーション

(2)　下線部 (b) のことを何というか，最も適切なものを次のなかから一つ選びなさい。

　　　ア．アサーション　　　イ．傾聴　　　ウ．ジェスチャー

(3)　文中の（　　　　）にあてはまる語句として，最も適切なものを次のなかから一つ選びなさい。

　　　ア．オウム返し　　　イ．あいづち　　　ウ．外来語

(1) ....　　　(2) ....　　　(3) ....

問　大切な用事があり，帰ろうとしたときに上司から急な仕事を頼まれた。自分も上司も不快な気持ちにならない対応として「今日はこれから大切な用事があって難しいので，明日早く出勤します。よろしいでしょうか」と対応した。このような対応を何というか，カタカナ6文字で答えなさい。

（ビジネスコミュニケーション検定第5回一部修正）

第2節 ▶ ビジネスにおけるコミュニケーション

3 報告・説得・交渉

基本問題

問題1　次の文章のうち，内容が適切なものには〇，そうでないものには×を記入しなさい。

(1) 報告する際は，最初に経過説明をしてから理由を述べ，最後に結論を述べるようにする。

(2) 報告する際は，一方的な解釈や推論をせず，事実だけをありのままに報告することが重要である。

(3) 報告する際は，個人的な意見や感想は，求められない限り慎むようにする。

(4) 報告するタイミングとしては，上司の仕事が立て込んでいるときをみはからうようにする。

(5) 緊急を要するものについては，一刻も早く報告し，上司の指示を仰ぐようにする。

(1) ....　　(2) ....　　(3) ....　　(4) ....　　(5) ....

問題2　次の(1)〜(3)について，（　　　）にあてはまる適切な語句を解答群から一つ選び，記号を記入しなさい。

(1) 相手に物事を頼むことを依頼といい，（　①　）とは，その依頼を受け入れない相手に対して依頼の内容を十分に話して，相手の意思に基づいて納得させることである。

(2) 相手が依頼を断る理由の一つとして，（　②　）がある。それが経済的な理由である場合には，具体的な金額を出して実現可能なことを示したり，能力的な理由である場合には，過去の成功事例を提示したりする。

(3) お互いの要求をすりあわせ，お互いが納得できる結論を出すことを（　③　）という。

●● 解答群 ●●

ア．交渉　　イ．不安　　ウ．説得

(1) ....　　(2) ....　　(3) ....

問　提案資料を作成するさいの注意点として，適切ではないものを一つ選びなさい。

ア．アイディアの5W3Hを書き出して整理したうえで，論理的に一貫しているストーリーを組み立ててから提案資料を作成した。

イ．文字だけでは提案する内容が伝わりにくいため，写真やイラストを必要に応じて掲載し，相手の理解が進むように配慮した。

ウ．読みやすくするため文書作成ソフトウェアで文字をあらかじめ大きくしておき，重要な部分は色を変えたり，四角で囲ったりして見やすい文書にした。

エ．専門的な分野に関わる提案資料であるため，外来語や専門用語を多用して格調高い内容とし，形容詞を多くして必要以上に長い提案資料とした。

....

問　報告と交渉について，次のなかから最も適切なものを一つ選びなさい。

(ビジネスコミュニケーション検定第2回・第5回一部修正)

ア．価格交渉の場では買い手としてこちら側の言い分をまず相手に伝え，売り手である相手の言い分については耳を貸さなかった。

イ．取引先の役員が亡くなったことを聞いたが，自分とは面識がないので，上司や先輩にも報告はしなかった。

ウ．緊急を要する問題が発生してもすぐには報告しないで，しばらく経過をみて，遅らせて報告したほうがよい。

エ．自分のことばかり考えていては説得や交渉はうまくいかないので，まず相手を尊重するようにしている。

オ．都合の悪い情報でも，その後に状況が好転する可能性があれば，上司にすぐに報告しなくてもよい。

....

第2節 ▶ ビジネスにおけるコミュニケーション

4　プレゼンテーション

基本問題

問　次の文章のうち，内容が適切なものには〇，そうでないものには×を記入しなさい。

(1)　自分の考えや商品の企画などを相手が理解しやすいように目に見える形で説明することを
プレゼンテーションという。

(2)　プレゼンテーションソフトを用いてプレゼンテーションをおこなう予定だが，会場の場所
の特性や環境などの確認は特段に必要ない。

(3)　プレゼンテーションをおこなう前に，時間を細かく計り，本番に近い状況でリハーサルを
しておく。

(4)　プレゼンテーションにおいては，聞き手とのコミュニケーションを取るとともに，理解度
を確かめながら話す。

(5)　発表の最初に全体の流れや所要時間，話のポイントを話してしまうと誰も聞いてくれなく
なるので，話のポイントだけ最後にまとめて話せばよい。

(1) ＿＿＿＿＿　　　(2) ＿＿＿＿＿　　　(3) ＿＿＿＿＿　　　(4) ＿＿＿＿＿　　　(5) ＿＿＿＿＿

応用問題

問　次の文章を読み，問いに答えなさい。

　近くの図書館の会議室を借り切って，実際の企業をモデルにした収益性の改善に関する (a)
ワークショップが開催された。参加者は合計 16 人で職業も年齢もさまざまである。A 君はまだ
社会人経験 1 年目だが自己研鑽のつもりで参加した。会議室では，(b) 次のようなレイアウト
で机と椅子が設置されている。

それぞれの机には名札，付せん，模造紙，ペンなどが用意されており，(c) <u>ワークショップを仕切っている人</u>によって，それぞれの机で相談しながら付せんにアイディアを書き込んでいったり，ペンで模造紙にまとめていったりといった作業を展開していった。そして最後にテーブルごとにプレゼンテーションをおこなってから閉会となった。A君はまたワークショップに参加してみようと思った。

(1)　下線部（a）の説明として，最も適切なものを一つ選びなさい。

　　ア．大学の先生や専門家などが登壇して一方的に講義をしてから質問を受け付けるセミナーのこと。

　　イ．参加者がグループに分かれ，自発的にアイディアや意見を出す参加・体験型の学習方法のこと。

　　ウ．あらかじめ指名された人が自分の考えや商品の企画などを相手が理解しやすいように目に見えるかたちで説明すること。

(2)　下線部（b）のようなレイアウトを何というか，最も適切なものを次のなかから一つ選びなさい。

　　ア．教室型の配置　　　イ．島形式（アイランド形式）　　　ウ．コの字型配置

(3)　下線部（c）のことを何というか，最も適切なものを次のなかから一つ選びなさい。

　　ア．プレゼンテータ　　　イ．プロジェクタ　　　ウ．ファシリテータ

(4)　こうしたワークショップのメリットとして，最も適切なものを次のなかから一つ選びなさい。

　　ア．主催者が持っている情報や知識を効率的に参加者に伝達できるため，商品説明などに向いている。

　　イ．異なる意見をもつ少数の専門家が討論をおこなうので，意見が異なる理由や異なる部分などの理解が進む。

　　ウ．いろいろな意見を出し合いながらの共同作業によって，参加者は達成感を味わったり理解力が深まったりする。

(1) .... 　　(2) .... 　　(3) .... 　　(4) ....

第2節 ▶ ビジネスにおけるコミュニケーション

5 商品説明

基本問題

問　商品説明の注意点として，最も適切なものを次のなかから一つ選びなさい。

　ア．顧客によって商品説明の内容を変えると，販売員の負担が増してしまうので画一的な説明
　　　が最も適切である。

　イ．現在の市場には多種多様な商品があふれているので使用方法や素材については十分な商品
　　　知識が必要だがアフターサービスについての知識は必要ない。

　ウ．商品説明のさいには，その商品によってどのようなメリットが得られるのかを説明する。
　　　とりわけ自分自身で使用または消費してそのメリットを体感しておくとよい。

　エ．消費者はさまざまな場面で商品を使用することが想定されるので，商品説明するさいには
　　　使用または消費する場面については説明する必要はない。

応用問題

問　次のそれぞれの用語の説明として，最も適切なものを一つずつ選び，記号を記入しなさい。

　⑴　AIDMA の法則における「注目」　　⑵　AIDMA の法則における「興味」
　⑶　AIDMA の法則における「欲求」　　⑷　AIDMA の法則における「記憶」

●● 解答群 ●●

　ア．新型のタブレットについて興味はあったが，とりわけまだ欲しいとは思っていなかった。
　　　しかし実際に店頭で操作してみるとだんだんその商品が「欲しい」と思うようになること。

　イ．カタログやテレビのコマーシャルなどによって新型のタブレットが発売されたことは知っ
　　　ていたが，実際に店頭に陳列されているのをみて興味がわいてくるような場合のこと。

　ウ．新型のタブレットについてはまったくその存在を知らなかった消費者が，有名なタレント
　　　が起用されているテレビのコマーシャルを見て，その存在を知ったような場合のこと。

　エ．新型のタブレットを店頭で操作してみて「ほしい」と思ったが店舗から離れるとそれを忘

れていた。しかし，職場の同僚がそのタブレットでプレゼンテーションをしているのをみて，そのタブレットの存在が記憶に刻み込まれるようなこと。

(1) ....   (2) ....   (3) ....   (4) ....

発展問題

問題1 AIDMA の法則について，次のなかから最も適切なものを一つ選びなさい。

（ビジネスコミュニケーション検定第3回一部修正）

ア．顧客一人ひとりと長期的に良好な関係を構築して，売上を向上させていくこと。

イ．計画・実行・評価・改善を一連の活動として行い，次の活動に活かしていこうというもの。

ウ．消費者が商品やサービスを購入するまでの心理的過程を5段階で示したもの。

エ．服装や行動は，時や場所，場合に応じた使い分けが必要ということ。

....

問題2 客が購買行動をおこなうまでの心理的な過程を表した AIDCA（アイドカ）の法則において，C はどのような購買心理のことをいうか，次のなかから最も適切なものを一つ選びなさい。

（ビジネスコミュニケーション検定第7回一部修正）

Attention（注目）→ Interest（興味）→ Desire（欲求）→（　　　　）→ Action（行動）

ア．Catch（獲得）

イ．Conviction（確信）

ウ．Convenience（便利）

エ．Chance（機会）

....

第2節 ▶ ビジネスにおけるコミュニケーション

6 断る，苦情対応

基本問題

問題1　依頼に対する「断り方」として，最も適切なものを次のなかから一つ選びなさい。

ア．前向きに考えておきたいと思います。

イ．不本意ではございますが，今回は見送らせていただければと思います。

ウ．私一存では決めかねますので，持ち帰って検討したいと思います。

エ．わたし的にはぜんぜん大丈夫ですが，会社的には拒否します。

....

問題2　依頼に対する「断り方」の留意点として，最も適切なものを次のなかから一つ選びなさい。

ア．断るさいにその理由を明らかにすると，根掘り葉掘り聞かれるので，断る理由は明らかにしないほうがよい。

イ．断るさいにはクッション言葉は用いるべきではない。

ウ．将来のことは誰にも予測できないので，「今後ともよろしくお願いいたします」などはあまり取引先には言わないほうがよい。

エ．「次回はぜひともよろしくお願いします」など未来につなげる言葉で締めるとよい。

....

問題3　上司から注意されたさいの「おわび」の姿勢として，最も適切なものを次のなかから一つ選びなさい。

ア．あまり大きなミスではなく小さなミスだったので，さして反省している姿勢はみせずにいた。

イ．上司の注意の内容に不服があったので，上司の顔を立てつつ反論した。

ウ．自分の至らなさについて真剣に反省している姿勢をみせ，素直に謝罪してから反省と今後

の決意をみせた。

エ．ミスはミスだったがやむを得ない事情があったので，その事情を先に説明してから上司に
わびた。

....

応用問題

問　営業部のA君が電話をとると，お客様から「スイッチをいれても商品が動かない」という
苦情の電話だった。このときのA君の対応として，最も適切なものを次のなかから一つ選び
なさい。

ア．自分には対応できない案件だと判断したので，「担当者は不在のためこちらからあらため
て電話します」といって即座に電話を切った。その後，クレーム担当のお客様相談室からあ
らためて電話するように社内メールを送った。

イ．自社の責任による不具合なのか製造元の企業の責任による不具合なのかがはっきりしなか
ったので，相手の話をさえぎって，「こちらからお電話します」といって電話を切った。そ
のままその電話の件については忘れてしまった。

ウ．まずは謝罪し，状況を把握するために最後まで話を聞き，問題の解決や再発防止を約束し
てからあらためて謝罪をして電話を切った。その後，関係者に報告して社内で情報の共有化
をはかった。

....

発展問題

問　苦情に対する対応について，次のなかから適切でないものを一つ選びなさい。

（ビジネスコミュニケーション検定第4回）

ア．どのような理由の苦情電話でも，まずは謝罪をし，相手の怒りや興奮をしずめる。

イ．担当者に取り次ぐ場合は，すぐに取り次いだほうがいいので，それまで聞いた内容は伝え
なくてよい。

ウ．どのような苦情なのか質問しながら問題を整理する。

エ．担当者が不在の時は代わって対応してもよいが，内容についてすぐに答えられないとき
は，折り返しの電話をすると伝える。

....

第2節 ▶ ビジネスにおけるコミュニケーション

7 アイディアを創出する方法

基本問題

問題1 売上高を増加させるために営業部員5人が集められて，営業部からみた販売活動の課題と改善策を付せんを用いてまとめていくことになった。このとき，最も適切なものを次のなかから一つ選びなさい。

ア．営業部員5人それぞれが販売活動に関する課題や改善策を付せんに書き込み，それを手元に置きながらそれぞれが順番に話し，司会者がその内容を議事録にまとめた。

イ．営業部員5人がそれぞれ課題や改善策を付せんに書き込み，模造紙に貼り付けてグループ化し，見出しをつけて問題点を明らかにしていった。

ウ．営業部員5人がそれぞれ課題や改善策を模造紙に書き込み，それを付せんに書き移した。さらに順番に付せんをノートに貼りつけて議事録を完成した。

....

問題2 メインテーマをマップの中心に置き，それに関連する内容を放射状に書き出していくことで，アイディアを創出する方法を何というか，カタカナ8文字で記入しなさい。

....

問題3 ブレーンストーミングをおこなうさいの留意点として，適切ではないものを一つ選びなさい。

ア．他の参加者のアイディアから連想したり，自分のアイディアを加えてさらに発展させたりするようにした。

イ．あまり質がよいアイディアではないと自分でも思ったが，質より量が大事なのでたくさんの意見を出した。

ウ．同僚の意見にやや矛盾があるように感じたので，「そこは論理的におかしいです」と矛盾を指摘し，自分の立場を明らかにした。

エ．約 30 分間にわたりブレーンストーミングをおこなったが，結論は出さないままだった。

....

問　ファシリテーションに関する次の会話を読んで，問いに答えなさい。

鈴木課長「次の会議では従来の会議とは異なり，ワークショップのスタイルをとってアイディアが創出される会議にしたい。ついては山本君にファシリテータを務めてほしい」

山本社員「わかりました。ファシリテータというのは（　①　）ですね」

鈴木課長「そうだ。一般的に共有・発散・（　②　）・決定という4つの流れをたどるといわれているが，山本君に何か考えはあるのかな」

山本社員「単に人が集まるだけではなかなか目的とプロセスが明確になりませんから，最初は全員に現在抱えている問題点を自由に語ってもらい，共通の理解や仲間意識を作りたいと思います。その後，付せんを用いてアイディアをまとめる方法で，参加者全員からアイディアを引き出し，図にまとめてから，実効性の高い結論に至ればと考えています」

鈴木課長「素晴らしい。頑張ってくれたまえ」

(1)　文中の（　①　）にあてはまる文章として，最も適切なものを次のなかから一つ選びなさい。

　　ア．チームが存在する意義と理念を明らかにし，理想像に至る戦略を明示する人のこと

　　イ．教えない・目立たない・意見をリードしないなどの立場をとりつつ会議をサポートしていく人のこと

　　ウ．割り振られた目標を達成するためにメンバーを管理して目標達成に導く人のこと

(2)　文中の（　②　）にあてはまる語句として，最も適切なものを次のなかから一つ選びなさい。

　　ア．収束　　イ．調整　　ウ．連想

(3)　文中の下線部はファシリテーションにおける次の段階のどれにあてはまるか，最も適切なものを一つ選びなさい。

　　ア．共有　　イ．発散　　ウ．決定

(1) ....　　(2) ....　　(3) ....

第2節 ▶ ビジネスにおけるコミュニケーション

8 会議①

基本問題

問題1　株主総会における重要な会議の説明として，最も適切なものを解答群から一つずつ選び，記号を記入しなさい。

(1)株主総会　　(2)取締役会　　(3)常務会

●● 解答群 ●●

ア．主に社長，副社長，専務取締役，常務取締役などで構成される会議。

イ．株主で構成される会議。会社運営上の重要事項を決定する最高意思決定機関であり，会社法で開催が義務づけられている。

ウ．株主総会で選任された取締役全員で構成される会議。

(1) ....　　(2) ....　　(3) ....

問題2　次の(1)〜(5)について，（　　　）にあてはまる適切な語句を解答群から一つ選び，記号を記入しなさい。

(1)　アイディア会議は，アイディアを出し合うための（　①　）などをおこない，さまざまなアイディアを収集することを目的としている。

(2)　社外開催の会議では案内状を送付し，案内状には会議の名称や開催日時，開催場所，議題，出欠の連絡方法と締切日，主催者の（　②　）などを記載しておく。

(3)　円卓型や（　③　）型の座席配置は，参加者全員の顔がみえ，気楽な雰囲気で話し合えるので，形式にとらわれず自由な話し合いを主な目的とする会議に適している。

(4)　コの字型や（　④　）型の座席配置は，主に研修会議で使用され，参加者全員が前方を見やすいのでプロジェクタや動画などを使用して会議を進める場合に適している。

(5)　会議室の出入口から遠いほうが（　⑤　）となる。

●● 解答群 ●●

ア．上座　　イ．ブレーンストーミング　　ウ．連絡先　　エ．ロの字　　オ．Ｖ字

(1) .... (2) .... (3) .... (4) .... (5) ....

応用問題

問　会議開催前の注意点として，適切ではないものを一つ選びなさい。

ア．会議に必要な資料は，できるかぎり開催案内と一緒に事前に送付しておく。

イ．過去の議事録などがある場合は目を通し，自分なりの質問を事前に考えておく。

ウ．社外の人が参加する場合であっても，席順は当日決めればよい。

エ．プロジェクタ，スクリーン，ホワイトボード，マイクなど必要と思われる機器を事前に用意しておく。

....

発展問題

問題1　下記のような座席の配置は，どのような形式の会議に適しているか。次のなかから最も適切なものを一つ選びなさい。　（ビジネスコミュニケーション検定第7回一部修正）

ア．お互いの顔がみえるので，自由に発言しながら，意見交換ができる会議に適している。

イ．中央の空きに，座席を増やすこともできるので，参加人数の多い会議に適している。

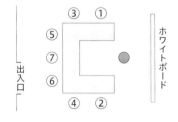

ウ．パネルディスカッションやシンポジウムなどで，質疑応答をするのに適している。

エ．参加者から発表者やスクリーンが見やすいので，研修会や研究発表に適している。

....

問題2　ロの字型の座席配置の特徴として，最も適切なものを次のなかから一つ選びなさい。

（ビジネスコミュニケーション検定第9回一部修正）

ア．どの席からも参加者の顔がよく見え，対等な立場で自由に発言しながら意見交換ができる少人数の会議に適している。

イ．情報伝達がメインの会議で，参加者の多いプレゼンテーションや研修会，研究発表会などに適している。

ウ．パネルディスカッションやシンポジウムなどで，参加者と発表者が質疑応答をするのに適している。

....

第2節 ▶ ビジネスにおけるコミュニケーション

9　会議②

基本問題

問題1　会議当日の基本的な流れと注意点として，適切ではないものを一つ選びなさい。

ア．受付は，事前に用意した参加予定者一覧表にもとづいて出欠を確認し，開始前に上司に報告する。

イ．参加予定者の到着の遅れなどにより，開始時間を遅らせる場合は上司の指示を仰ぐが，出席者全員に開始時間の遅れを知らせる必要はない。

ウ．会議中の電話の取り次ぎ方については，事前に上司に相談し，どのようにするかを決めておくとよい。

エ．議事録には会議名・日時・場所・出席者と欠席者・会議の流れ・決定事項や結論・発言者の発言内容・議事録作成者名などを記載する。

....

問題2　会議の参加者として心得ておくべき点について，適切ではないものを一つ選びなさい。

ア．発言者の方に顔を向けたり，発言内容をメモしたりして意欲的な態度をとる。

イ．大きな声でまず結論から延べ要点をわかりやすくするなど発言のしかたに注意する。

ウ．意見交換が目的の会議であっても，自分のいうべき点については意見を押し通す。

エ．司会者の議事進行を妨げないように司会者にしたがう。

....

問題3　参加資格を問わず，討論中心の大規模な公開討論会のことを何というか，カタカナ5文字で記入しなさい。

....

問　次のそれぞれの用語の説明として，最も適切なものを一つずつ選び，記号を記入しなさい。

　(1)バズ・セッション　　(2)シンポジウム　　(3)パネルディスカッション

　ア．特定のテーマの専門家が講演形式で発表をおこない，その後質疑応答をおこなう会議

　イ．全体を6～10人の分科会に分けて，分科会ごとに自由活発な討議をおこなう会議で，分科会で討議した内容は全体会議でそれぞれ報告される。

　ウ．少人数の専門家でおこなわれる討論会で，発表者間の討論がおこなわれた後に質疑応答をおこなう会議

　(1) ....　　　(2) ....　　　(3) ....

発展問題

問題1　会議における心得として，次のなかから適切でないものを一つ選びなさい。

（ビジネスコミュニケーション検定第4回）

　ア．情報の収集，整理，分析など事前準備をしっかりおこなう。

　イ．発表者の発言後であっても，相手に失礼になるので聞き返しや質問はしない。

　ウ．発言するときは，ポイントをしぼりできるだけ簡潔に話すように心がける。

　エ．話の内容を忘れないように，メモを取ることを習慣づけるようにする。

....

問題2　会議の形式について，次のなかから最も適切なものを一つ選びなさい。

（ビジネスコミュニケーション検定第1回一部修正）

　ア．ブレーンストーミングでは，テーマについて思いついたままに発言してもよく，他人の意見に便乗してもよい。

　イ．公共性の高いテーマについて多くの人が意見を出し合う形式をシンポジウムといい，公開討論会ともよばれる。

　ウ．パネルディスカッションとは，15～20人単位でグループを作って討論し，その結果をグループの代表者が発表する形式である。

....

第2節 ▶ ビジネスにおけるコミュニケーション

⑩ ソーシャルメディアを活用した情報発信

基本問題

問題1 ソーシャルメディアに関する次の文章のうち，適切ではないものを一つ選びなさい。

ア．テレビやラジオ，雑誌，新聞などが一方的に情報を発信するのに対して，ソーシャルメディアは相互にやりとりができる双方向性を持っている。

イ．ユーザと容易にコミュニケーションをとることが可能であり，商品やサービスの改善や認知度の向上などに役立つ。

ウ．リアルタイムで情報を発信できるほか，費用対効果が高い。

エ．経営理念を会社全体に浸透させることや，組織としての一体性をはぐくむことなどに役立ち，冊子のほかデジタルデータの形態をとることも増えている。

問題2 次の文章を読み，問いに答えなさい。

　東京都中央区にあるS社は，(a) インターネットやLANなどを活用して社員相互の情報共有やコミュニケーションを活発化させ，協働作業を支援するビジネスソフトウェアを開発・販売している。この会社では自社が開発したソフトウェアを実際に稼働させ，(b) 遠隔地の社員同士がコンピュータを通じて会議をしたり，社員全員のスケジュールを「見える化」して全員が閲覧できるようにしている。また，プロジェクトごとに参加メンバーとメールのやりとりをする機能などのほか，企画書や稟議書，休暇届などはすべて電子化されている。

(1) 下線部（a）のことを何というか，カタカナ7文字で記入しなさい。

(2) 下線部（b）にあてはまる機能として，最も適切なものを次のなかから一つ選びなさい。

ア．クレーム管理機能　　イ．電子会議機能　　ウ．電子掲示板機能

問題1　LAN の説明として，最も適切なものを次のなかから一つ選びなさい。

　ア．建物や敷地，フロアなど限られた範囲内でコンピュータや通信機器などを接続し，相互に
　　　データのやりとりができるようになっているネットワークのこと。

　イ．地理的に離れた拠点のネットワークを接続し，通信回線を用いて広範囲にわたって構築さ
　　　れたネットワークのこと。

　ウ．一般の通信回線を用いて構築される仮想のプライベートネットワークのこと。

....

問題2　社内報に関する記述として，次のなかから適切ではないものを一つ選びなさい。

　ア．社内の情報を共有したり，社員と社員の交流を促したりするために発行される冊子やデジ
　　　タルデータのことを社内報という。

　イ．インターネットを活用し，デジタルデータを社内のサーバに格納して配信される社内報も
　　　増えてきている。

　ウ．経営理念を会社全体に浸透させ，組織としての一体性をはぐくむことや，経営陣と社員間
　　　のコミュニケーションの活性化などが社内報の目的である。

　エ．コストをなるべくかけて豪華な社内報を作成すれば，内容は二の次でもよい。

....

■ 発展問題

問　グループウェアの機能について，次のなかから適切でないものを一つ選びなさい。

（ビジネスコミュニケーション検定第9回）

　ア．客のさまざまな情報を共有し，顧客対応や商品開発に役立てることができる。

　イ．商品の仕入から販売の発注・出荷までの一連の商品の流れと在庫管理を自動的におこなう
　　　ことができる。

　ウ．グループ内でお互いのスケジュールを把握し，行動管理や会議室などの予約管理をするこ
　　　とができる。

　エ．稟議書や企画書などを電子化し，申請から承認，決裁までおこなうことができる。

....

第2節 ▶ ビジネスにおけるコミュニケーション

11 ディベート

基本問題

問題1　ディベートについて，次のなかから適切でないものを一つ選びなさい。

ア．ある特定の論点について肯定側と否定側に分かれて，それぞれの立場から意見を出し合い，論拠の妥当性や客観性を競うのがディベートである。

イ．ディベートは突然テーマが与えられるので，肯定側も否定側も情報を収集したり，その有用性や信頼性を見極めたりといった時間はないのが普通である。

ウ．ディベートでは，肯定側であっても否定側であっても，質疑を経たあとに論理構成の矛盾や不備について反駁というかたちで検証されることになる。

エ．ディベートにあたっては，肯定側にも否定側にも両方ともに平等に時間が割り当てられ，限られた時間のなかで審判団を納得させられるような論理構成をおこなう。

························

問題2　ディベートについて，次のなかから最も適切なものを一つ選びなさい。

ア．ディベートでは，ブレーンストーミングのように参加者の自由な発言をまとめて新しいアイディアを生み出す。

イ．ディベートでは肯定側と否定側に分かれて意見を言い合うのに対して，ディスカッションでは，立場を分けることなく自由に意見を言い合うことで結論を導きだす。

ウ．ディベートにおける質疑とは，特定のテーマ（論題）を肯定もしくは否定する主な理由を説明することである。

エ．肯定側と否定側に分かれて立論・質疑・反駁をおこなうため，多少感情的な議論になるのはやむを得ない面がある。

························

問　次の文章を読み，問いに答えなさい。

山本部長「新規のプロジェクトを開始したいが，取引先の銀行と相談をしてみると利子率は３％ということだった。収益率が３％を超えるのであればプロジェクトは実施可能だが，営業部の部員の意見はどうだろうか」

田中課長「利子率も収益率も長期にわたる予測が入ってきますから，確実な予想が必要になりますね」

山本部長「そこで会議を開催したいが，<u>参加者の自由な発言をまとめて新しいアイディアを生み出す方式</u>よりも，プロジェクトの実施に賛成するグループと反対するグループに分けて，どちらが論理的に完成されているのかを見るのはどうだろうか」

田中課長「そうすると次の会議は（　①　）ということになりますね」

山本部長「そこで田中課長には参加者の人選と情報収集の時間なども含めて開催の手配を頼みたいんだ」

田中課長「承りました。勝敗を決定する（　②　）の手配もしておきます」

(1)　下線部がさす会議の形式として，最も適切なものを次のなかから一つ選びなさい。

　　ア．バズ・セッション　　　イ．シンポジウム　　　ウ．ブレーンストーミング

(2)　文中の（　①　）にあてはまる語句として，最も適切なものを次のなかから一つ選びなさい。

　　ア．ワークショップ　　　イ．フォーラム　　　ウ．ディベート

(3)　文中の（　②　）にあてはまる語句として，最も適切なものを次のなかから一つ選びなさい。

　　ア．ファシリテータ　　　イ．審判団（ジャッジ）　　　ウ．司会者

(4)　この結果，肯定派が主張するメリットと否定側の主張するデメリットが同じという結果になった。この結果から得られる結論として最も適切なものを一つ選びなさい。

　　ア．新規プロジェクトを実行する。　　　イ．新規プロジェクトは実行しない。

(1) ....　　　(2) ....　　　(3) ....　　　(4) ....

第1節 ▶ 時代が求めるコミュニケーションスキル

1 世界で通用する人材になろう

基本問題

問題1　次の文章の（　　　）にあてはまる語句を解答群から一つずつ選び，記号を記入しなさい。

(1)　外務省の調査によれば，こんにち，海外に進出する日系企業の総数は（　　　）傾向にある。

(2)　日本の観光資源の強みや売りを活かして，地方都市が旅行者誘致で経済を活性化させる（　　　）が増加傾向にある。

(3)　ヒト・モノ・（　　　）・情報の国境を越えた移動が活発になり，各国が相互に頼る傾向が強まる「グローバル化」が進むなかでは，私たち一人ひとりがビジネスにおける交渉を円滑に進める力を身につけていくことが求められている。

(4)　ほかの人とコミュニケーションをとるための身振りや手振りのことを（　　　）といい，特定の言語が話される国や地域の文化と強い結びつきをもっている。

(5)　日本であれ，グローバルな舞台であれ，ビジネスの基本は人と人との（　　　）である。

●● 解答群 ●●

ア．増加　　イ．減少　　ウ．コミュニケーション　　エ．ジェスチャー
オ．カネ　　カ．観光ビジネス

(1) ＿＿＿＿＿　　(2) ＿＿＿＿＿　　(3) ＿＿＿＿＿　　(4) ＿＿＿＿＿　　(5) ＿＿＿＿＿

問題2　次の文章のうち，適切なものには〇，そうでないものには×を記入しなさい。

(1)　コミュニケーションには言語コミュニケーションと非言語コミュニケーションの二つがあるが，自分の意図を多面的に相手に伝えるためには非言語コミュニケーションは用いるべきではない。

(2)　日本において，「目線を下げ，お辞儀をして謝る」動作は，謝罪に誠意を込めていることを相手に示す動作である。

(3)　欧米には「どのような場面でも目を合わせて話すことが大切だ」という考えがあるが，相

手に謝罪をするときには，日本と同様に目線を下げて，お辞儀をするのが妥当である。

(4) ビジネスにおいて円滑に交渉を進めるには，相手の話す言語や文化，ビジネス上のしきたりなどを可能な限り事前に調べておき，相手に自分の意図が伝わるような表現を心がけるとよい。

(5) 相手の母語で「こんにちは」などの簡単な挨拶や自己紹介ができるようにしておくと，場が和み，互いに話しやすくなる。

(1) .... 　　(2) .... 　　(3) .... 　　(4) .... 　　(5) ....

応用問題

問　次の文章の空欄にあてはまる前置詞として，最も適切なものを一つ選び，記号で答えなさい。

It would be helpful if you could reply （① in　② at　③ by）tommorow.

....

発展問題

問　グラフの利用方法として，次のなかから最も適切なものを一つ選びなさい。

（ビジネスコミュニケーション検定第2回）

ア．自動車の性能について複数項目の評価のバランスを表すために，円グラフを作成した。

イ．最近5年間のスマートフォン保有者数の推移を表すために，折れ線グラフを作成した。

ウ．図書館の利用目的の比率を表すために，棒グラフを作成した。

エ．大型テレビの店舗別の販売台数を比較するために，レーダーチャートを作成した。

....

第1節 ▶ 時代が求めるコミュニケーションスキル

2 多様性の尊重

基本問題

問題1　次の文章のうち，適切なものには○を，そうでないものには×をそれぞれ記入しなさい。

(1)　ビジネスにおいて相手と会話をする時には，自分の個人的な体験から全体に関する意見を表明するのが基本である。

(2)　年齢，結婚や子どもの有無，家族関係や収入など仕事に直接関わりのないことについて尋ねると，話題が幅広くなり，ビジネスの打ち合わせも円滑に進む。

(3)　相手の話が個人的な主張を多く含んでいたり，自分があまり話す内容のない話題に近づいていたりすると感じるときには，話題を変えることも一つの方法である。

(4)　私たちが何かを表現することは，自分のものの見方を示すことにもなる。

(1) ....　　(2) ....　　(3) ....　　(4) ....

問題2　次の(1)〜(5)の英文の（　　　）に入るもっとも適当なものを一つずつ選び，記号で答えなさい。

(1)　（　①　）the way, did you see this month's sales report?
●●解答群●●　ア．in　　イ．on　　ウ．by　　エ．for

(2)　（　②　）, I need to go now.
●●解答群●●　ア．someday　　イ．anyway　　ウ．unlikely　　エ．in short

(3)　That（　③　）, the boss says she wants to see you.
●●解答群●●　ア．aside　　イ．because　　ウ．before long　　エ．as a result

(4)　That（　④　）me, I went to see a movie last week.
●●解答群●●　ア．thinks　　イ．respects　　ウ．changes　　エ．reminds

(5)　Now let's get （　⑤　） to business.

●● 解答群 ●●　ア．up　　イ．about　　ウ．down　　エ．from

(1) ....　　(2) ....　　(3) ....　　(4) ....　　(5) ....

問題3　次の A の問いかけに対する B の最も適当な対応を解答群のなかから一つ選び，記号で
　　　答えなさい。

A：Isn't this your first time to visit us?

B：（　　　　　　　　　　　　　　　）．

●● 解答群 ●●

　ア．It's our pleasure to welcome you

　イ．No, I've been here before

　ウ．I hope to see him again someday

....

| 応用問題

問　次の英文の意味が通るようにするためには，（　　　　） の中の語句をどのように並べたらよ
　　いか，正しい順序のものを一つ選び，記号で答えなさい。

(1)　Although the time （① limited　② was　③ very），we had a good time working
　　together.

●● 解答群 ●●　ア．③-②-①　　イ．②-①-③　　ウ．②-③-①

(2)　Speaking of which, Mr.Yagi （① to　② transferred　③ was） our Los Angeles branch
　　last week.

●● 解答群 ●●　ア．③-②-①　　イ．②-①-③　　ウ．②-③-①

(3)　I （① this department　② to　③ was　④ assigned） last week.

●● 解答群 ●●　ア．③-②-①-④　　イ．②-①-④-③　　ウ．③-④-②-①

(1) ....　　(2) ....　　(3) ....

第1節 ▶ 時代が求めるコミュニケーションスキル

3 慣習の違いに対応する力

基本問題

問題1　次の文章のうち，適切なものには〇を，そうでないものには×をそれぞれ記入しなさい。

(1) 日本におけるビジネス・コミュニケーションでは，初対面の場面でまず名刺を交換し，そこに書かれた情報から自己紹介をおこなって会話を広げていくことが多い。

(2) 会議のために自分の意見を論理的かつ的確に説明できるように資料を準備することは無駄である。

(3) 会議の場で意見を述べる場合は，回りくどい言い方や世間話をせず，直接トピックに入るようにする。

(4) インターネットなどの情報通信技術を活用し，通常の勤務先から離れた場所で仕事をする働き方のことをワークライフバランスという。

(1) ....　　(2) ....　　(3) ....　　(4) ....

問題2　次の(1)～(5)の英文の（　　　）に入るもっとも適当なものを一つずつ選び，記号で答えなさい。

(1) This is my (　①　) card.

●● **解答群** ●●　ア．grocery　　イ．customer　　ウ．business　　エ．company

(2) Please (　②　) me if you have any questions.

●● **解答群** ●●　ア．include　　イ．meet　　ウ．work　　エ．contact

(3) We are afraid that there will be (　③　) much to discuss and decide promptly.

●● **解答群** ●●　ア．too　　イ．forward　　ウ．at　　エ．as

(4) How do you think we can (　④　) up smooth communication?

　●● **解答群** ●●　ア．look　　イ．build　　ウ．pay　　エ．show

(1) ....　　(2) ....　　(3) ....　　(4) ....

問題3　次の英語はオフィスで頻繁に使われる英語の略語である。対応する意味を解答群から一
　　　　つずつ選び，記号を記入しなさい。

(1) MGR　　(2) MTG　　(3) NR　　(4) PJT

●●解答群●●

　ア．打ち合わせ　　　イ．プロジェクトチーム　　　ウ．マネージャー　　　エ．直帰

(1) ....　　　(2) ....　　　(3) ....　　　(4) ....

応用問題

問　次の英文の意味が通るようにするためには，(　　　　)の中の語句をどのように並べたらよ
　　いか，正しい順序のものを一つ選び，記号で答えなさい。

(1)　Would you like（① drink　② to　③ something）？

●●解答群●●　　ア．③ - ② - ①　　　イ．② - ① - ③　　　ウ．② - ③ - ①

....

(2)　I'm afraid we（① make　② can't　③ it）by tomorrow.

●●解答群●●　　ア．③ - ② - ①　　　イ．② - ① - ③　　　ウ．② - ③ - ①

....

発展問題

問　"Here is my business card." と同じ意味を表す英文として，次のなかから最も適切なもの
　　を一つ選びなさい。　　　　　　　　　　　　　　　　　　　　（商業経済検定第 21 回一部修正）

　　ア．Could I have your business card?

　　イ．Let me give you my business card.

　　ウ．Thank you. Here's mine.

....

第1節 ▶ 時代が求めるコミュニケーションスキル

4 意思を伝える気持ち

基本問題

問題1　次の文章のうち，適切なものには〇を，そうでないものには×をそれぞれ記入しなさい。

(1) 文化背景が異なる相手とのビジネス・コミュニケーションでは，重要な場面ほど言い方を濁したり，遠回しに話をしたりするとよい。

(2) 文化背景が異なる可能性のある相手とのコミュニケーションにおいて，仮に「No」と言われてしまった場合には，次の選択肢を提示することなく交渉をやめたほうが良い。

(3) 相手の目を見て「自分の意思を伝えよう」という気持ちを持って話すことを心がけていれば，たどたどしい英語でも気持ちは伝わると言われている。

(4) 「自分の話したこと」について質問をされたときは「自分のことを詳しくわかってもらうチャンス」だと肯定的に捉えても良い。

(5) 英語で get it というと直訳すると「それを得る」となるが，その意味が発展して「わかる」「理解する」という意味もある。

(1) ＿＿＿＿＿　　(2) ＿＿＿＿＿　　(3) ＿＿＿＿＿　　(4) ＿＿＿＿＿　　(5) ＿＿＿＿＿

問題2　次の(1)〜(5)の英文の（　　　）に入るもっとも適当なものを一つずつ選び，記号で答えなさい。

(1) I am afraid we can't accept this offer （　①　） it is.

●●解答群●●　ア．at　　イ．in　　ウ．as　　エ．to

(2) We will （　②　） for other options.

●●解答群●●　ア．ask　　イ．see　　ウ．contact　　エ．look

(3) We'll （　③　） our best to offer better prices.

●●解答群●●　ア．try　　イ．write　　ウ．accept　　エ．wonder

(4) Which point do we need to （　④　）?

●●解答群●●　ア．pay　　イ．reconsider　　ウ．send　　エ．buy

(5)　I wonder　(　④　)　it works.

●●解答群●●　ア．and　　イ．if　　ウ．but　　エ．to

(1) ....　　(2) ....　　(3) ....　　(4) ....　　(5) ....

問題3　次の英文の意味が通るようにするためには，(　　　)の中の語句をどのように並べた
　　　　らよいか，正しい順序のものを一つ選び，記号で答えなさい。

(1)　(① will　② she　③ back　④ be)　soon.

●●解答群●●　ア．①-④-③-②　　　イ．②-①-④-③　　　ウ．②-①-③-④
　　　　　　　　エ．④-③-②-①

(2)　Can I　(① you　② back　③ get　④ to)　about this next week?

●●解答群●●　ア．①-④-③-②　　　イ．②-①-④-③　　　ウ．③-②-④-①
　　　　　　　　エ．④-③-②-①

(1) ....　　(2) ....

応用問題

問　次の文章を読んで，文中の　(　　　)　にあてはまる語句を解答群から一つ選び，記号で答え
なさい。

　食事やパーティのお誘いを受けたさいに相手の気持ちを考えた対応が必要になるのは，わが国
でも海外でも共通である。日本語で「あいにく」という意味に相当する　(　　　)　という単語
は，ほかの予定が入っているなどの理由で，お誘いを断らざるを得ない場面で用いる。たとえ
ば，「一緒にランチを食べませんか」というお誘いを受けた場合には「あいにく午後1時にミー
ティングがあって，急いでいます」といったかたちで相手にとって不都合な情報を伝えることに
なる。

●●解答群●●
　ア．I see　　イ．Really　　ウ．Certainly　　エ．Unfortunately

....

第2節 ▶ ビジネスの会話

1 挨拶

基本問題

問題1 次の文章のうち，適切なものには○を，そうでないものには×をそれぞれ記入しなさい。

(1) ビジネスにおいては「時は金なり」が原則であるため，挨拶をするときはなるべく早口で言うように心がける。

(2) 一般的に，挨拶がしっかりとできる相手にはよい印象をもつため，無理に声のトーンをあげず，自然なトーンで，はっきりと発話するように心がける。

(3) 挨拶をする際には，相手の正面に立ち，目を見て話しかける。このとき，口角を上げるように意識し，笑顔に近い表情をつくるようにするとよい。

(4) 相手が自分に気づいていないときに後方から話しかける場合などは，"Excuse me,（すみませんが，)" と話しかけてから挨拶をすると良いとされている。

(1) .... 　　(2) .... 　　(3) .... 　　(4) ....

問題2 次の(1)〜(5)の英文の（　　　）に入るもっとも適当なものを一つずつ選び，記号で答えなさい。

(1) Thank you for （　①　） today.

●●解答群●● 　ア．going 　イ．came 　ウ．will come 　エ．coming

(2) Please （　②　） me introduce myself.

●●解答群●● 　ア．come 　イ．see 　ウ．let 　エ．go

(3) I've been （　③　） forward to meeting you.

●●解答群●● 　ア．looking 　イ．going 　ウ．coming 　エ．having

(4) It's a （　④　） to meet you.

　●●解答群●● 　ア．comfort 　イ．pleasure 　ウ．balance 　エ．difference

(1) .... 　　(2) .... 　　(3) .... 　　(4) ....

問題3　次の英文の意味が通るようにするためには，（　　　）の中の語句をどのように並べた
　　　　らよいか，正しい順序のものを一つ選び，記号で答えなさい。

(1)　Could（① speak　② more　③ slowly　④ you）, please?

●●解答群●●　　ア．①-④-③-②　　　イ．②-①-④-③　　　ウ．④-①-②-③

　　　　　　　　　エ．④-③-②-①

(2)　Feel（① ask　② me　③ to　④ free）any questions.

●●解答群●●　　ア．①-④-③-②　　　イ．②-①-④-③　　　ウ．③-②-④-①

　　　　　　　　　エ．④-③-①-②

(3)　We went（① the　② all　③ way　④ to）Los Angeles.

●●解答群●●　　ア．①-④-③-②　　　イ．②-①-③-④　　　ウ．③-②-④-①

　　　　　　　　　エ．④-③-①-②

(4)　I'm（① meet　② to　③ glad　④ you）.

●●解答群●●　　ア．①-④-③-②　　　イ．②-①-③-④　　　ウ．③-②-①-④

　　　　　　　　　エ．④-③-①-②

(5)　I've（① to　② been　③ forward　④ looking）meeting you.

●●解答群●●　　ア．①-④-③-②　　　イ．②-④-③-①　　　ウ．③-①-②-④

　　　　　　　　　エ．④-③-①-②

(1) ....　　　(2) ....　　　(3) ....　　　(4) ....　　　(5) ....

発展問題

問　次の英文の（　　　）にあてはまる語句として，最も適切なものを一つ選び，記号で答えな
さい。
（全商英語検定第56回）

I'm looking forward to（① see　② seeing　③ be seen）you next summer.

....

第2節 ▶ ビジネスの会話

② 顧客をもてなす

基本問題

問題1　次の文章のうち，適切なものには○を，そうでないものには×をそれぞれ記入しなさい。

(1)　訪日外国人旅行者が増えたとはいっても，海外の人にとっては海外の文化が一番なので，身の回りのことなどをどのように英語で説明するかといったことを調べる必要はまったくない。

(2)　「玄関で靴を脱ぐ」「年末年始の過ごし方」など，普段当たり前のようにおこなっている慣習であっても，訪日外国人旅行者には新鮮に映ることがある。それぞれの慣習が「なぜ」「どのように」おこなわれるものか，説明を受けることで日本に対する理解が深まると考えられる。

(3)　わが国の「和食」はご飯，味噌汁，主菜，副菜などが同時に提供されることが多いが，欧米でもスープやサラダなどの前菜，メインディッシュ，デザートなどは同時に提供されることが多いため，「和食」のスタイルに驚く訪日外国人旅行者は少ない。

(4)　「刺身」や「寿司」は海外でも日本文化として広く紹介されるようになってきているが，生の魚を食べることに抵抗をもつ訪日外国人旅行者も少なくない。また，人によっては宗教上の理由などにより食べられないものもあるので，事前に確認しておくとよい。

(1) _____　　(2) _____　　(3) _____　　(4) _____

問題2　次の(1)〜(5)の英文の（　　　）に入るもっとも適当なものを一つずつ選び，記号で答えなさい。

(1)　We usually （　　　） chopsticks when we eat.

●● 解答群 ●●　　ア．use　　イ．make　　ウ．build　　エ．cook

(2)　Have you （　　　） visited any temples in Japan?

●● 解答群 ●●　　ア．forever　　イ．ever　　ウ．in the future　　エ．occasionally

(3)　We have traditional clothes （　　　） "kimono".

●● 解答群 ●●　　ア．made from　　イ．selected　　ウ．called　　エ．made of

⑷　People normally wear "Kimono" only at special occasions, （　　　） as weddings or summer festivals.

●● 解答群 ●●　　ア．so　　イ．such　　ウ．even　　エ．ever

⑴ ＿＿＿＿＿　　⑵ ＿＿＿＿＿　　⑶ ＿＿＿＿＿　　⑷ ＿＿＿＿＿

問題3　次の英文の意味が通るようにするためには，（　　　）の中の語句をどのように並べたらよいか，正しい順序のものを一つ選び，記号で答えなさい。

⑴　If you want to （① trip　② a　③ short　④ take） around here on the weekend, I think I can help you make a plan.

●● 解答群 ●●　　ア．①-④-③-②　　イ．②-①-④-③　　ウ．④-①-②-③
　　　　　　　　　エ．④-②-③-①

⑵　It's easy （① unpack　② package　③ to　④ the） and eat it.

●● 解答群 ●●　　ア．①-③-④-②　　イ．③-①-④-②　　ウ．③-②-④-①
　　　　　　　　　エ．④-①-③-②

⑶　I'll see you （① the　② desk　③ front　④ at） in fifteen minutes.

●● 解答群 ●●　　ア．③-④-①-②　　イ．②-①-③-④　　ウ．④-①-③-②
　　　　　　　　　エ．④-③-①-②

⑷　It's said （① has　② "Washoku"　③ an ideal balance　④ that）.

●● 解答群 ●●　　ア．②-④-③-①　　イ．①-②-③-④　　ウ．④-②-①-③
　　　　　　　　　エ．④-①-③-②

⑸　I try （① to　② eating　③ avoid　④ meat） because of the health issues.

●● 解答群 ●●　　ア．①-③-②-④　　イ．①-④-③-②　　ウ．③-①-②-④
　　　　　　　　　エ．④-③-①-②

⑴ ＿＿＿＿＿　　⑵ ＿＿＿＿＿　　⑶ ＿＿＿＿＿　　⑷ ＿＿＿＿＿　　⑸ ＿＿＿＿＿

発展問題

問　次の英文の意味が通るようにするためには，（　　　）の中の語句をどのように並べたらよいか，正しい順序のものを一つ選びなさい。　　　　　　　　　　　　　　（全商英語検定第60回）

Have （① ever　② played　③ you） a video game?

●● 解答群 ●●　　ア．①-③-②　　イ．②-①-③　　ウ．③-①-②

＿＿＿＿＿＿＿＿＿

第**2**節 ▶ ビジネスの会話

3 受け答え

基本問題

問題1 次の文章のうち，適切なものには〇を，そうでないものには×をそれぞれ記入しなさい。

(1) 日本語では，相手の話に対するあいづちとして「はい，はい」と言うことがあるがあるが，この「はい」をそのまま「Yes, Yes」と言ってしまうと，相手の話に対して不用意な「同意」を示してしまうことにもつながりかねないため，注意が必要である。

(2) 英語によるコミュニケーションでは，相手からの問いかけや意思表示に対して言葉で応対して，相手の話を聞いていることを示すことが大切である。

(3) 日本語の「なるほど」「そうですか」というようなあいづちやそれと同じような表現は，英語には一つも存在しない。

(4) 相手の発言に対して，会話を膨らませるように応答するためには，when や what, where などを含む質問をすることによって，会話を膨らませることができる。

(1) .... (2) .... (3) .... (4) ....

問題2 次の各問いに対する最も適当な答えを解答群からそれぞれ一つずつ選びなさい。

(1) Our productivity costs have decreasted by twenty percent.

●● 解答群 ●● ア．That's too bad.　　イ．I'm on it.　　ウ．That's great.

(2) We have stopped the production of ABC model.

●● 解答群 ●● ア．Maybe next time.　　イ．Seriously?　　ウ．Thank you.

(3) How about setting up a meeting later today?

●● 解答群 ●● ア．That sounds great.　　イ You did?　　ウ．That's too bad.

(1) .... (2) .... (3) ....

問題3 次の(1)〜(5)の英文の（　　　）に入るもっとも適当なものを一つずつ選び，記号で答え

なさい。

(1) Could you please （　　　） copies of this document?

●●解答群●●　ア．use　　イ．make　　ウ．build　　エ．cook

(2) I think I need to （　　　） my laundry.

●●解答群●●　ア．build　　イ．cook　　ウ．do　　エ．study

(3) Our productivity costs have decreased by twenty percent thanks （　　　） your application.

●●解答群●●　ア．to　　イ．at　　ウ．in　　エ．from

(4) We are （　　　） to have a picnic on Saturday in Sakura park.

●●解答群●●　ア．coming　　イ．having　　ウ．going　　エ．making

(5) The updated version will be （　　　） later in March.

●●解答群●●　ア．launching　　イ．launch　　ウ．launches　　エ．launched

(1) ....　　(2) ....　　(3) ....　　(4) ....　　(5) ....

応用問題

問　次の英文の（　　　）にあてはまる語句として，最も適当なものを①〜③のなかから一つ選び，記号で答えなさい。

(1) Please make two copies （①for　②to　③of） these documents.

(2) That's （①to　②two　③too） bad.

(3) We are glad （①to　②at　③in） hear that.

(1) ....　　(2) ....　　(3) ....

発展問題

問　次の Joe と Kelly の会話を読んで，空欄にあてはまる語句を解答群から一つ選び，記号で答えなさい。　　　　　　　　　　　　　　　　　　（全商英語検定第 64 回一部修正）

Joe：I'll let you know, so you can enjoy real Italian cooking, just like my grandmother made for me.

Kelly：（　　　） excellent.

●●解答群●●　ア．tastes　　イ．sounds　　ウ．makes

第2節 ▶ ビジネスの会話

4　自己紹介

基本問題

問題1　次の文章のうち，適切なものには○を，そうでないものには×をそれぞれ記入しなさい。

(1)　自分の会社について英語で紹介できるよう，事前に英語表現を調べて準備しておくとよい。その際，業種によって使用する専門的な表現がある場合もあるので，インターネットでの検索や辞書で調べるだけでなく，周囲の先輩社員にも確認しておく。

(2)　"If you don't mind my asking…" というフレーズを先に言ってから質問をすると，直接的になりすぎることを避けられる。

(3)　英語で書かれた同業他社のホームページをみると，英語によるサービスの説明のしかたが参考になる。

(4)　仕事に関係する場面では，自分の趣味や気に入っているものなどについて話をすることはありえず，したがって英語表現を調べて準備をしておく必要性もない。

(1) ....　　　(2) ....　　　(3) ....　　　(4) ....

問題2　次の英文の（　　　）にあてはまる語句として，最も適当なものを①～③のなかから一つ選び，記号で答えなさい。

(1)　I'm Tanaka Megumi（① in　② for　③ of）Japan International.

(2)　I'm here（① on　② from　③ at）behalf of the sales department.

(3)　I'm（① respond　② responsibility　③ responsible）for customer service.

(4)　Our company is located（① from　② above　③ in）Nagano.

(5)　Thank you（① for　② from　③ over）your attention.

(1) ....　　　(2) ....　　　(3) ....　　　(4) ....　　　(5) ....

問題3　次の英文の意味が通るようにするためには，（　　　）の中の語句をどのように並べた

らよいか，正しい順序のものを一つ選び，記号で答えなさい。

(1) If you have any questions, please (① free   ② feel   ③ to) ask.

●● 解答群 ●●   ア．①-③-②   イ．②-③-①   ウ．②-①-③   エ．③-②-①

(2) Nagano (① of   ② full   ③ is) attractions.

●● 解答群 ●●   ア．①-③-②   イ．②-③-①   ウ．③-①-②   エ．③-②-①

(3) Please (① me   ② introduce   ③ let) our company and our products.

●● 解答群 ●●   ア．①-②-③   イ．②-①-③   ウ．③-②-①   エ．③-①-②

(4) Nagano is a holiday destination (① the year   ② all   ③ through).

●● 解答群 ●●   ア．①-②-③   イ．②-①-③   ウ．②-③-①   エ．③-①-②

(5) Today, I (① would   ② to   ③ like) show you our brand-new model.

●● 解答群 ●●   ア．①-③-②   イ．①-②-③   ウ．②-①-③   エ．③-②-①

(1) ....   (2) ....   (3) ....   (4) ....   (5) ....

応用問題

問　次の英文の（　　）にあてはまる語句として，最も適当なものを①～③のなかから一つ選び，記号で答えなさい。

(1) Our company was founded (① for   ② to   ③ in) 2013 by two young men.

(2) We have expanded our product lines (① above   ② from   ③ over) private use to commercial use.

(3) This model is a perfect fit for active people, (① who   ② whose   ③ which) want to enjoy their free time without driving cars.

(4) Our store management team analyzes the (① baseball   ② ball park   ③ home run) figure for the cost of the store renovations.

(5) If you don't mind my asking, (① who   ② whose   ③ which) part of Germany are you from?

(1) ....   (2) ....   (3) ....   (4) ....   (5) ....

発展問題

問　次の英文の（　　）にあてはまる語句として，最も適当なものを①～③のなかから一つ選び，記号で答えなさい。

(全商英語検定第68回)

Shibusawa Eiichi was born (① at   ② in   ③ on) 1840.   ....

第2節 ▶ ビジネスの会話

⑤ オフィスにおける受付応対

基本問題

問題1 次の文章のうち，適切なものには〇を，そうでないものには×をそれぞれ記入しなさい。

(1) 海外からきた訪問客はビジネスライクなので，良い印象を与えなくても事務的に担当者に取り次げば，受付対応としては十分である。

(2) 来客が英語での応対を望んでいることがわかっても，"Hello." や "Good morning." などと英語で挨拶をする必要はなく，目を伏せて日本語での応対を続けることが望ましい。

(3) 来客の名前や会社名，約束の有無，誰に会いに来たかを確認したあとは，待合スペースへ案内する。事前に英語での応対が必要な来客であることが分かっている場合は，内容を手元にメモをしておくと確認がスムーズである。

(4) "I was wondering if …" といったクッション表現を複数身につけておくと，細かなニュアンスが表現できるようになる。

(1) ....　　(2) ....　　(3) ....　　(4) ....

問題2 次の英文の（　　　）にあてはまる語句として，最も適当なものを①〜③のなかから一つ選び，記号で答えなさい。

(1) What can I do（① for　② on　③ at）you?

(2) Could you fill（① at　② in　③ over）this form, please?

(3) Please have a seat（① at　② on　③ over）there?

(4) Would you please wait here（① for　② on　③ at）a while?

(5) I'm sorry, but（① every one　② nothing　③ no one）is available now.

(1) ....　　(2) ....　　(3) ....　　(4) ....　　(5) ....

問題3 次の英文の意味が通るようにするためには，（　　　）の中の語句をどのように並べた

らよいか，正しい順序のものを一つ選び，記号で答えなさい。

(1) We've (① expecting ② you ③ been).

●● 解答群 ●●　ア．①-②-③　　イ．②-③-①　　ウ．③-①-②　　エ．③-②-①

(2) He would like to (① wait ② to ③ you ④ ask) for a little while.

●● 解答群 ●●　ア．③-②-①-④　　イ．④-③-②-①　　ウ．①-②-④-③
　　　　　　　　エ．③-④-②-①

(3) I was (① if ② you ③ wondering ④ could) show me how to use the machine.

●● 解答群 ●●　ア．③-②-①-④　　イ．④-③-②-①　　ウ．③-①-②-④
　　　　　　　　エ．③-④-②-①

(4) Let (① to ② take ③ you ④ me) the meeting room.

●● 解答群 ●●　ア．④-②-③-①　　イ．④-③-②-①　　ウ．③-①-②-④
　　　　　　　　エ．③-④-②-①

(5) Good morning, (① I ② may ③ help ④ you) ?

●● 解答群 ●●　ア．②-④-①-③　　イ．③-④-②-①　　ウ．②-①-③-④
　　　　　　　　エ．③-②-④-①

(1) ....　　(2) ....　　(3) ....　　(4) ....　　(5) ....

応用問題

問　次の英文の（　　　）にあてはまる語句として，最も適当なものを①～③のなかから一つ選び，記号で答えなさい。

(1) My name is Andrew Jones, I'm (① there ② where ③ here) to see Mr. Yamada.

(2) Thank you for coming, Mr. Jones. (① there ② here ③ where) is your guest card.

(3) He would like to (① ask ② wonder ③ appoint) you to wait for a little while.

(4) Mr. Jones, Mr. Yamada is (① when ② then ③ still) in the earlier meeting. Would you please wait here for a while?

(5) Please use the elevator to the 9th floor. He has (① to be ② been ③ being) expecting you.

(1) ....　　(2) ....　　(3) ....　　(4) ....　　(5) ....

第2節 ▶ ビジネスの会話

❻ 店頭販売における受付応対

基本問題

問題1 次の文章のうち，適切なものには○を，そうでないものには×をそれぞれ記入しなさい。

(1) 世界からたくさんの旅行者が日本を訪れるようになり，日本の中にある店舗でも，英語で顧客応対をする機会が増えている。

(2) 英語では，日本語の「いらっしゃいませ」の代わりに "Hello." を使う。日本語を母語としない顧客には，"Hello, may I help you?" と話しかけ，会話のきっかけを作る。

(3) 食べ物や飲み物が商品であれば，それがどのようなものかを英語で説明できるようにしたほうがよいが，原材料は表現が難しいため無理に説明しないほうがよいとされている。

(4) 日本の食品にはナッツ類や甲殻類が含まれるものが多い。アレルギー表示を確認される場合があるので，食材から除去して調理することが可能かどうかなど，事前に準備をしておかなければならない。ただし，「出汁」として使用する魚や肉類については，確認をする必要はまったくない。

(1) .... 　(2) .... 　(3) .... 　(4) ....

問題2 次の英文の（　　　）にあてはまる語句として，最も適当なものを①〜③のなかから一つ選び，記号で答えなさい。

(1) If you are ready（① at　② to　③ of）order, please let us know.

(2) I am allergic（① above　② to　③ from）shrimp.

(3) Now we are offering a cup of miso-soup（① after　② on　③ for）free. Would you like some?

(4) "Katsudon" is a pork cutlet with scrambled eggs（① above　② after　③ on）rice.

(5) Certainly. For here or（① to　② at　③ in）go?

(1) .... 　(2) .... 　(3) .... 　(4) .... 　(5) ....

問題 3　次の英文の意味が通るようにするためには，（　　　）の中の語句をどのように並べた
　　　　らよいか，正しい順序のものを一つ選び，記号で答えなさい。

(1)　Select the （① of　② meal　③ choice　④ your） on the screen and insert coins.

●● 解答群 ●●　　ア．② - ① - ③ - ④　　　イ．③ - ④ - ② - ①　　　ウ．② - ① - ④ - ③
　　　　　　　　　エ．③ - ① - ② - ④

(2)　Would you wait （① a　② minute　③ for） ?

●● 解答群 ●●　　ア．① - ③ - ②　　　イ．③ - ① - ②　　　ウ．② - ① - ③　　　エ．③ - ② - ①

(3)　Now （① offer　② we　③ discount　④ a 10%） for all items.

●● 解答群 ●●　　ア．② - ① - ④ - ③　　　イ．② - ③ - ④ - ①　　　ウ．④ - ① - ② - ③
　　　　　　　　　エ．③ - ④ - ② - ①

(4)　What （① for　② these　③ tools　④ are） ?

●● 解答群 ●●　　ア．④ - ② - ③ - ①　　　イ．② - ③ - ④ - ①　　　ウ．④ - ① - ② - ③
　　　　　　　　　エ．③ - ④ - ② - ①

(5)　Katsudon sauce consists （① little　② of　③ bit　④ a） sugar.

●● 解答群 ●●　　ア．③ - ② - ④ - ①　　　イ．④ - ① - ③ - ②　　　ウ．④ - ① - ② - ③
　　　　　　　　　エ．③ - ④ - ② - ①

(1) ……………　　　(2) ……………　　　(3) ……………　　　(4) ……………　　　(5) ……………

応用問題

問題 1　次の英文の （　　　）にあてはまる語句として，最も適当なものを①～③のなかから一
　　　　つ選び，記号で答えなさい。

(1)　Hello, I （① like　② wonder　③ meet） what "Katsudon" is.

(2)　A：Is "Katsudon" spicy?
　　　B：No, not at （① any　② little　③ all）.

(3)　Can I （① make　② have　③ let） one C lunch, please?

(1) ……………　　　(2) ……………　　　(3) ……………

問題 2　次の文章の （　　　）にあてはまる語句を答えなさい。

　わが国では飲食店で購入した食べ物を持ち帰ることを「テイクアウト」というが，アメリカで
は主に （　　　）と表現することが多い。

第2節 ▶ ビジネスの会話

⑦ 電話の受け方

基本問題

問題1 次の文章のうち，適切なものには〇を，そうでないものには×をそれぞれ記入しなさい。

(1) 基本的な英語表現を身に付けておくことで，英語の電話に慌てることなく対応することができる。

(2) もし電話相手の英語が聞き取れない場合には，言い直してもらったり，ゆっくり話してもらったりすればよい。

(3) 手が離せない業務中にかかってきた電話については，重要な用件であればまた掛けなおしてくるはずなので，電話は放置して仕事を優先するべきである。

(4) 間違い電話をかけてしまった場合には，"I must have misdialed. I'm sorry to have troubled you." などと言って謝罪する。

(1) ＿＿＿＿＿　　(2) ＿＿＿＿＿　　(3) ＿＿＿＿＿　　(4) ＿＿＿＿＿

問題2 次の英文の（　　）にあてはまる語句として，最も適当なものを解答群のなかから一つ選び，記号で答えなさい。

(1) Hello, XY Construction Mr. Hirano（　　　）.

●●解答群●●　ア．speak　　イ．spoke　　ウ．speaking

(2) I'll（　　　）you through to Mr. Tanaka.

●●解答群●●　ア．call　　イ．run　　ウ．put

(3) Mr. Tanaka is not（　　　）right now. Can I take a message for him?

●●解答群●●　ア．holding　　イ．available　　ウ．telephone

(4) Would you like me to（　　　）her that you called?

●●解答群●●　ア．have　　イ．make　　ウ．tell

(5) Mr. Adams, thank you for（　　　）.

●●解答群●●　ア．telephone　　イ．a ring　　ウ．calling

(1) ＿＿＿＿＿　　　(2) ＿＿＿＿＿　　　(3) ＿＿＿＿＿　　　(4) ＿＿＿＿＿　　　(5) ＿＿＿＿＿

問題3　次の英文の意味が通るようにするためには，（　　　　）の中の語句をどのように並べた
　　　　らよいか，正しい順序のものを一つ選び，記号で答えなさい。

(1)　Could（① you　② a little　③ speak　④ louder）?
●● 解答群 ●●　ア．②-①-④-③　　　イ．①-③-④-②　　　ウ．④-①-②-③
　　　　　　　　エ．①-③-②-④

(2)　Where（① you　② calling　③ are　④ from）?
●● 解答群 ●●　ア．③-①-④-②　　　イ．③-①-②-④　　　ウ．④-①-②-③
　　　　　　　　エ．①-③-④-②

(3)　I'll（① if　② see　③ she　④ is）available.
●● 解答群 ●●　ア．②-①-③-④　　　イ．②-①-④-③　　　ウ．①-④-②-③
　　　　　　　　エ．①-③-④-②

(4)　I'm（① he　② won't　③ afraid　④ be）back.
●● 解答群 ●●　ア．③-②-①-④　　　イ．②-④-①-③　　　ウ．③-①-②-④
　　　　　　　　エ．④-③-①-②

(5)　Could（① your　② spell　③ name　④ you）?
●● 解答群 ●●　ア．①-②-④-③　　　イ．④-②-①-③　　　ウ．③-②-①-④
　　　　　　　　エ．④-③-②-①

(1) ＿＿＿＿＿　　　(2) ＿＿＿＿＿　　　(3) ＿＿＿＿＿　　　(4) ＿＿＿＿＿　　　(5) ＿＿＿＿＿

応用問題

問　次の文章は，英語による電話応対でのソフトな言い回しについて述べたものである。文章中
　　の（　　　　）にあてはまる語句として，最も適切なものを解答群から一つ選び，記号で答え
　　なさい。

　　「あいにく離席しております」「外出中です」など，電話してきた相手にとって都合の悪い情報
　を話さなければいけないときは，"He is not at his desk." などと事実をそのまま述べるのではな
　く，"（　　　　　　　）he is on another line."（あいにく別の電話に出ております）のように，前
　に"（　　　　　　　）" を付けると，言い回しがソフトになる。

　　●● 解答群 ●●　ア．Thank you　　　イ．Please hold　　　ウ．I'm sorry

第2節 ▶ ビジネスの会話

8 電話のかけ方

基本問題

問題1 次の文章のうち，適切なものには〇を，そうでないものには×をそれぞれ記入しなさい。

(1) 問い合わせは，電話ではなくコミュニケーションツールやメールなどでおこなうことが多くなっているが，相手との話が進み，緊急に直接話したい案件がある場合や込み入った問い合わせをおこなう場合には電話をかけることも多い。

(2) 相手との応答に聞き取りにくいところがある場合はそのままにせず，"Could you say that once again and slowly, please?" などと言うようにする。

(3) コミュニケーションツールやメールなどで連絡がとれる場合には，あとでも内容を確認できるので，聞き取った内容を確認しないで電話を切るようにする。

(4) 取った電話が間違い電話かもしれないと思ったときには，"I'm afraid you have a wrong number." などと言えばよい。ただし，"You must have a wrong number." と表現すると「間違っていますよ」と少し強いニュアンスになることに注意する。

(1) .... 　　(2) .... 　　(3) .... 　　(4) ....

問題2 次の英文の（　　　）にあてはまる語句として，最も適当なものを解答群のなかから一つ選び，記号で答えなさい。

(1) Thank you （　　　） calling me back.

●●解答群●● 　ア．at 　イ．for 　ウ．to

(2) Could I speak （　　　） Mr. John Adams please?

●●解答群●● 　ア．with 　イ．over 　ウ．out

(3) It would be really appreciated if he could call me back as soon as （　　　）.

●●解答群●● 　ア．possibly 　イ．impossible 　ウ．possible

(4) Can I speak with you for a （　　　）?

●●解答群●● 　ア．while 　イ．month 　ウ．week

(5) Mr. Saito would like to set a meeting (　　　) the on-going project.

●● 解答群 ●●　ア．against　　イ．during　　ウ．regarding

(1) ....　　(2) ....　　(3) ....　　(4) ....　　(5) ....

問題3　次の英文の意味が通るようにするためには，(　　　) のなかの語句をどのように並べ
　　　たらよいか，正しい順序のものを一つ選び，記号で答えなさい。

(1) Then I'd (① to　② come　③ be　④ happy) to your office anytime.

●● 解答群 ●●　ア．②-①-④-③　　イ．③-④-②-①　　ウ．④-①-②-③
　　　　　　　　エ．③-④-①-②

(2) May 14th (① be　② convenient　③ for　④ will) me.

●● 解答群 ●●　ア．④-①-②-③　　イ．④-③-②-①　　ウ．④-②-①-③
　　　　　　　　エ．②-④-①-③

(3) May I (① call　② have　③ you　④ him) ?

●● 解答群 ●●　ア．②-①-④-③　　イ．②-④-②-①　　ウ．③-②-①-④
　　　　　　　　エ．②-④-①-③

(4) He has (① for　② left　③ already) the day.

●● 解答群 ●●　ア．②-①-③　　イ．③-②-①　　ウ．①-②-③

(5) (① me　② let　③ confirm) the date and time of our meeting.

●● 解答群 ●●　ア．②-①-③　　イ．②-③-①　　ウ．③-②-①

(1) ....　　(2) ....　　(3) ....　　(4) ....　　(5) ....

応用問題

問　ホテルのフロントに宿泊予約の電話がかかってきた。あいにく満室だったとき，解答群のな
　　かから最も適切な英語での対応を一つ選び，記号で答えなさい。

●● 解答群 ●●

　ア．I'm sorry, but we are fully booked tonight.

　イ．Thank you for calling, what type of room would you prefer?

　ウ．Thank you for calling, we have your reservation.

....

第2節 ▶ ビジネスの会話

⑨ 気軽なトピックでの会話

基本問題

問題1 次の文章のうち，適切なものには〇を，そうでないものには×をそれぞれ記入しなさい。

(1) コミュニケーションが進むと互いの理解が深まる。天気，最近のニュースや余暇の過ごし方，スポーツ，旅行などのテーマをいくつか準備しておいて，昼食時や移動中などを互いの理解を深めるために活用するとよい。

(2) 普段からさまざまな新聞やニュースに目を通していても，すぐに忘れてしまうのでコミュニケーションのきっかけにはならない。世界情勢や重要な出来事についても，互いの理解やコミュニケーションの促進にはなるはずがない。

(3) たまたま両国間で起こっている政治的な問題などについては，論争になる可能性があるため，話題として持ち出すことは避けるほうが無難である。

(4) たとえば先日会ったばかりの人と再び会うときには "It was a pleasure to meet you the other day." などと表現するとよい。

(1) ＿＿＿＿＿　　(2) ＿＿＿＿＿　　(3) ＿＿＿＿＿　　(4) ＿＿＿＿＿

問題2 次の英文の（　　　）にあてはまる語句として，最も適当なものを解答群のなかから一つ選び，記号で答えなさい。

(1) What's your plan （　　　） the summer holiday?

●●解答群●●　ア．at　　イ．for　　ウ．to

(2) How （　　　） have you been working here?

●●解答群●●　ア．many　　イ．much　　ウ．long

(3) Have you （　　　） seen Mt. Fuji?

●●解答群●●　ア．ever　　イ．never　　ウ．already

(4) What do you do （　　　） your days off?

●●解答群●●　ア．in　　イ．for　　ウ．on

(5) （　　　　） I come to Japan, I visit "Kokugikan" to watch Sumo.

●● 解答群 ●●　ア．whenever　　イ．whatever　　ウ．wherever

(1) .... 　　(2) .... 　　(3) .... 　　(4) .... 　　(5) ....

問題3　次の英文の意味が通るようにするためには，（　　　　）の中の語句をどのように並べた
　　　らよいか。正しい順序のものを一つ選び，記号で答えなさい。

(1) Is （① your　② this　③ time　④ first） visiting Japan?

●● 解答群 ●●　ア．②-①-④-③　　イ．③-④-②-①　　ウ．④-①-②-③
　　　　　　　　エ．③-④-①-②

(2) I visited Madrid （① of　② a　③ years　④ couple） ago.

●● 解答群 ●●　ア．③-①-④-②　　イ．④-③-②-①　　ウ．②-④-①-③
　　　　　　　　エ．②-①-④-③

(3) I （① was　② hear　③ to　④ surprised） the news.

●● 解答群 ●●　ア．①-④-③-②　　イ．①-③-②-④　　ウ．①-②-③-④
　　　　　　　　エ．④-③-②-①

(4) I （① travel　② used　③ to） around Japan.

●● 解答群 ●●　ア．②-①-③　　イ．②-③-①　　ウ．①-②-③

(5) （① people　② few　③ very） play basketball in my country.

●● 解答群 ●●　ア．①-②-③　　イ．②-③-①　　ウ．③-②-①

(1) .... 　　(2) .... 　　(3) .... 　　(4) .... 　　(5) ....

応用問題

問題1　次の英文の下線部のなかで，文法的に適切ではない箇所を一つ選び，記号で答えなさ
　　　い。

I like to play the basketball with my friends.
　① 　　　　② 　　　　③

....

問題2　次の文章の空欄にあてはまる語句として，最も適切なものを解答群から一つ選び，記号
　　　で答えなさい。

Why are you （　　　　） interested in Sumo?

●● 解答群 ●●　ア．to　　イ．as　　ウ．so

....

第2節 ▶ ビジネスの会話

10 空港での入国審査

基本問題

問題1　次の文章のうち，適切なものには○を，そうでないものには×をそれぞれ記入しなさい。

(1)　滞在日数と渡航目的によっては，事前にビザ（査証）を取得する必要がある。その他にも，国によって出入国の際に手続きが必要な場合があるため，事前の準備が必要になる。

(2)　飛行機が目的地に到着したら入国審査場へ向かい，指定のカウンターに並ぶ。機内で配付される出入国カードや税関申告書に個人情報を記入しておき，パスポートとチケットとともに入国審査官に提示し，質問を受ける。

(3)　入国審査では，税関申告書の記載内容に基づき渡航目的，滞在日数，滞在場所などをたずねられることがある。ただし，顔や指紋の写真撮影などを求められることはない。

(4)　荷物の受け取りは手荷物受取所でおこなう。引換証の番号と荷物に付けられたタグの一致を確認して，荷物をターンテーブルから降ろす。

(1) ....　　(2) ....　　(3) ....　　(4) ....

問題2　次の英文の（　　）にあてはまる語句として，最も適当なものを解答群のなかから一つ選び，記号で答えなさい。

(1)　I work（　　）an office.

●● 解答群 ●●　ア．for　　イ．in　　ウ．over

(2)　How（　　）will you be staying?

●● 解答群 ●●　ア．many　　イ．much　　ウ．long

(3)　Are you traveling（　　）anyone?

●● 解答群 ●●　ア．with　　イ．for　　ウ．at

(4)　Are you here（　　）business?

●● 解答群 ●●　ア．of　　イ．for　　ウ．on

(5)　Where are you going（　　）stay?

●● 解答群 ●●　　ア．to　　イ．at　　ウ．in

(1) _____　　(2) _____　　(3) _____　　(4) _____　　(5) _____

問題3　次の英文の意味が通るようにするためには，（　　　　）の中の語句をどのように並べた
　　　　らよいか。正しい順序のものを一つ選び，記号で答えなさい。

(1)　（①I　②may　③your　④see）passport, please?

●● 解答群 ●●　　ア．②-①-④-③　　　イ．③-④-②-①　　　ウ．④-①-②-③

　　　　　　　　　　エ．③-④-①-②

(2)　It's my first（①visit　②time　③here　④to）.

●● 解答群 ●●　　ア．③-①-④-②　　　イ．④-③-②-①　　　ウ．②-④-①-③

　　　　　　　　　　エ．②-①-④-③

(3)　I（①am　②my　③accompanying）mother.

●● 解答群 ●●　　ア．①-②-③　　　イ．①-③-②　　　ウ．②-①-③　　　エ．②-③-①

(4)　I'm（①my　②looking　③for）baggage.

●● 解答群 ●●　　ア．②-①-③　　　イ．②-③-①　　　ウ．①-②-③

(5)　What is（①of　②purpose　③the）your visit?

●● 解答群 ●●　　ア．①-②-③　　　イ．②-③-①　　　ウ．③-②-①

(1) _____　　(2) _____　　(3) _____　　(4) _____　　(5) _____

応用問題

問　次の英語での問いに対して，最も適切な対応を解答群から一つ選び，記号で答えなさい。

　You arrived at an airport. An airport immigration officer asks you the purpose of your visit and how long you are going to stay. What would you say?

●● 解答群 ●●

　① On business for five days.

　② Nice to meet you.

　③ At the ABC hotel.

　④ Here you are.

_____

第2節 ▶ ビジネスの会話

11 空港での税関審査

基本問題

問題1　次の文章のうち，適切なものには〇を，そうでないものには×をそれぞれ記入しなさい。

(1)　通常，税関申告書に特記する申告対象品がない場合，非課税対象用の検査台へ行き，税関申告書を提出する。申告対象品がある場合は，該当の検査台へ行って審査を受ける。ただし，個人情報保護の観点から税関審査官の指示があっても荷物を開けて見せる必要はない。

(2)　税関審査は，危険物，多額の現金，生態系を破壊する危険性のある物の持ち込みを防ぐためにおこなわれる。たとえ申告対象品がなくても税関申告書は記入して提出する必要がある。

(3)　税関申告書の様式や持ち込み禁止物品などは世界共通であり，名前やパスポート番号，国籍，入国日などを記入する。なお，税関審査官とのやりとりは英語に限定されている。

(1) ....　　　(2) ....　　　(3) ....

問題2　次の英文の（　　　）にあてはまる語句として，最も適当なものを解答群のなかから一つ選び，記号で答えなさい。

(1)　Do you have （　　　） to declare?

●●解答群●●　ア．nothing　　イ．anything　　ウ．everything

(2)　Please open your suitcase and （　　　） me the contents?

●●解答群●●　ア．look　　イ．see　　ウ．show

(3)　It's （　　　） medicine.

●●解答群●●　ア．headache　　イ．head office　　ウ．headphones

(4)　What is （　　　） your suitcase?

●●解答群●●　ア．of　　イ．for　　ウ．in

(5)　Did you pack your bags （　　　）?

●●解答群●●　ア．yourself　　イ．myself　　ウ．herself

(1) .... (2) .... (3) .... (4) .... (5) ....

問題3　次の英文の意味が通るようにするためには，（　　）の中の語句をどのように並べた
　　　　らよいか。正しい順序のものを一つ選び，記号で答えなさい。

(1)　Here is the English（① explanation　② the medicine　③ of）.

●●解答群●●　ア．①-②-③　　イ．①-③-②　　ウ．②-①-③　　エ．②-③-①

(2)　Please tell me（① is　② what　③ this）.

●●解答群●●　ア．②-①-③　　イ．②-③-①　　ウ．①-②-③

(3)　Please（① this document　② out　③ fill）.

●●解答群●●　ア．①-②-③　　イ．②-③-①　　ウ．③-②-①

(4)　I hope（① your　② you　③ stay　④ enjoy）.

●●解答群●●　ア．③-①-④-②　　イ．④-③-②-①　　ウ．②-④-①-③
　　　　　　　　　エ．②-①-④-③

(1) .... (2) .... (3) .... (4) ....

応用問題

問題1　次の Alice と衣料品店の店員田中の英語の会話文を読み，下線部の意味として最も適
　　　　切なものを解答群のなかから一つ選びなさい。

Alice：Can I try it on?

田中：Sure.

●●解答群●●　ア．もちろんです。　　イ．保証いたします。　　ウ．少々お待ちください。

....

問題2　次の税関審査官と美帆のやりとりを読み，質問に対する回答として最も適切なものを解
　　　　答群のなかから一つ選びなさい。

Customs officer：Please open your suitcase and show me the contents.

　　　美帆：（　　　　　　　　）.

●●解答群●●　ア．Thank you very much.　イ．It's headache medicine.　　ウ．Sure.

....

第2節 ▶ ビジネスの会話

12 観光案内

基本問題

問題1　次の英文の（　　　）にあてはまる語句として，最も適当なものを解答群のなかから一つ選び，記号で答えなさい。

(1) I'd like to show you（　　　）to purify ourselves.

●●解答群●● ア．what　　イ．how　　ウ．that

(2) This temple is said to（　　　）been built in 607.

●●解答群●● ア．has　　イ．having　　ウ．have

(3) These villages are registered（　　　）a world heritage site.

●●解答群●● ア．as　　イ．in　　ウ．at

(4) Many kinds（　　　）good luck charms are sold here.

●●解答群●● ア．as　　イ．for　　ウ．of

(5) We need（　　　）change trains twice.

●●解答群●● ア．to　　イ．in　　ウ．out of

(1) ＿＿＿＿＿　　(2) ＿＿＿＿＿　　(3) ＿＿＿＿＿　　(4) ＿＿＿＿＿　　(5) ＿＿＿＿＿

問題2　次の英文の意味が通るようにするためには，（　　　）の中の語句をどのように並べたらよいか，正しい順序のものを一つ選び，記号で答えなさい。

(1) Mt. Fuji is（① the　② mountain　③ highest）in Japan.

●●解答群●● ア．①-②-③　　イ．①-③-②　　ウ．②-①-③　　エ．②-③-①

(2) This is（① can　② you　③ where）enjoy a beautiful panoramic view of Kyoto.

●●解答群●● ア．①-②-③　　イ．②-③-①　　ウ．③-②-①

(3) Well, actually, I'm（① some　② looking　③ for）souvenirs for my family.

●●解答群●● ア．②-①-③　　イ．②-③-①　　ウ．①-②-③

(4) I（① if　② wonder　③ I）should buy some kitchen items for her.

●●解答群●● ア．③-①-②　　イ．①-③-②　　ウ．②-①-③　　エ．①-②-④

(5) Then, how about （① these place mats   ② made   ③ of） Japanese washi-paper?

●●解答群●●   ア．①-②-③   イ．②-③-①   ウ．③-②-①

(6) This gate （① "Torii"   ② called   ③ is）.

●●解答群●●   ア．①-②-③   イ．②-③-①   ウ．③-②-①

(7) Taking picture （① is   ② allowed   ③ not） here.

●●解答群●●   ア．①-②-③   イ．①-③-②   ウ．②-①-③   エ．②-③-①

(1) ....   (2) ....   (3) ....   (4) ....   (5) ....   (6) ....

(7) ....

応用問題

問題１　次の Susan と波留のやりとりを読み，質問に対する回答として最も適切なものを解答群のなかから一つ選びなさい。

Susan：I'm looking for some souvenirs for my family. Would you please help me choose?

　波留：（　　　　　　）.

●●解答群●●　ア．Of course.　　イ．Yes, I did.　　ウ．Thank you very much.

....

問題２　次の英文の（　　　）にあてはまる語句として，最も適当なものを解答群のなかから一つ選び，記号で答えなさい。

If you （　　　） for seafood, my recommendation is the restaurant at the fishing port.

●●解答群●●　　ア．help　　イ．care　　ウ．have

....

発展問題

問　次の英文にあてはまる語句として，最も適切なものを解答群のなかから一つ選びなさい。

（全商英語検定第58回）

I heard my name （① call   ② called   ③ calling） from behind me.

....

第2節 ▶ ビジネスの会話

13 輸出入取引の流れ① （引き合いとオファー）

基本問題

問題1 次の文章のうち，適切なものには〇を，そうでないものには×をそれぞれ記入しなさい。

⑴ 日常生活でコンビニエンスストアやスーパーマーケットで買い物をするときに，特段に信用調査や書類を必要としないように，輸出入取引においても相手の信用調査や書類などは一切必要がない。

⑵ 信用調査の方法には，調査機関への依頼，銀行への照会，日本貿易振興機構（JETRO）への依頼などがある。見本市や展示会などで情報を得ることも大切である。

⑶ 輸出入取引では，輸出者（売り手）がまず輸入者（買い手）に取引の条件を提示するオファーを出し，輸入者（買い手）が値引きや取引の条件の変更を求めるカウンター・オファーを出すのが一般的である。

⑷ オファーとカウンター・オファーを繰り返し，折り合いがついたところで契約が成立し，売買契約書を締結する。その後，売買取引が完了した後に，取引先の信用調査をおこなうのが一般的である。

⑴ .... 　　⑵ .... 　　⑶ .... 　　⑷ ....

問題2 次の英文の（　　　）にあてはまる語句として，最も適当なものを解答群のなかから一つ選び，記号で答えなさい。

⑴ If you order 100 units or more, we offer a 10% discount （　　　） each unit.

●● **解答群** ●●　ア．at　　イ．for　　ウ．that

⑵ We are happy （　　　） send you our current catalog and a price list.

●● **解答群** ●●　ア．for　　イ．at　　ウ．to

⑶ We submitted a quotation （　　　） email.

●● **解答群** ●●　ア．via　　イ．for　　ウ．from

⑷ It would be really appreciated if we could ask you for a further price （　　　）.

●● 解答群 ●●　　ア．hike　　イ．reduction　　ウ．increase

(1) ＿＿＿＿＿　　(2) ＿＿＿＿＿　　(3) ＿＿＿＿＿　　(4) ＿＿＿＿＿

問題3　次の英文の意味が通るようにするためには，（　　　）の中の語句をどのように並べた
　　　　らよいか。正しい順序のものを一つ選び，記号で答えなさい。

(1)　Thank you（① for　② inquiry　③ your）.
●● 解答群 ●●　　ア．①-②-③　　イ．①-③-②　　ウ．②-①-③　　エ．②-③-①

(2)　（① in　② reply　③ to）your inquiry of April 15th, we submitted a quotation.
●● 解答群 ●●　　ア．①-②-③　　イ．②-③-①　　ウ．③-②-①　　エ．①-③-②

(3)　Please let us know if we can（① be　② your help　③ of）in other day.
●● 解答群 ●●　　ア．①-②-③　　イ．①-③-②　　ウ．②-①-③　　エ．②-③-①

(4)　We're sorry that（① comply　② cannot　③ we）with your request.
●● 解答群 ●●　　ア．①-②-③　　イ．②-③-①　　ウ．③-②-①

(5)　We（① would　② to　③ like）know more about the product.
●● 解答群 ●●　　ア．①-②-③　　イ．②-③-①　　ウ．③-②-①　　エ．①-③-②

(1) ＿＿＿＿＿　　(2) ＿＿＿＿＿　　(3) ＿＿＿＿＿　　(4) ＿＿＿＿＿　　(5) ＿＿＿＿＿

応用問題

問題1　輸出者（売り手）が作成したカタログや価格表などをみて，輸入者（買い手）が商品の
　　　　詳細を問い合わせたり，見積もりや納品時期の依頼をしたりすることを何というか，解
　　　　答群のなかから適切なものを一つ選びなさい。
●● 解答群 ●●　　ア．counter offer　　イ．offer　　ウ．article　　エ．inquiry

＿＿＿＿＿＿＿

問題2　海外の市場調査や貿易に関する事業をおこなう独立行政法人として，最も適切なものを
　　　　解答群のなかから一つ選びなさい。
●● 解答群 ●●　　ア．日本貿易振興機構　　イ．日本政策投資銀行　　ウ．商工組合中央金庫

＿＿＿＿＿＿＿

第2節 ▶ ビジネスの会話

14 輸出入取引の流れ② （売買契約の成立）

基本問題

問題1 次の文章のうち，適切なものには〇を，そうでないものには×をそれぞれ記入しなさい。

(1) オファーとカウンター・オファーを繰り返して取引の条件が確定したら，電子メールやファックスなどでの合意の条件は間違えようがないので，そのまま輸出入取引に入るのが一般的である。

(2) 取引交渉で確認した取引の条件を確認するために確認書が取り交わされる。

(3) 確認書の表面には所定の条件欄に確定した条件をタイプしたもの，裏面や2枚目にはどの取引にも適用される一般取引条件協定書が印刷されるのが一般的である。

(4) 一般取引条件協定書の内容が個別の取引条件よりも優先的に適用されるので，個別の契約内容と一般取引条件協定書が矛盾する場合には，個別の取引条件を必ず修正する。

(1) ....　　　(2) ....　　　(3) ....　　　(4) ....

問題2 次の英文の （　　　） にあてはまる語句として，最も適当なものを解答群のなかから一つ選び，記号で答えなさい。

(1) How much do you have （　　　） mind?

●● 解答群 ●●　ア．this　　イ．in　　ウ．over

(2) Could you （　　　） us a better discount?

●● 解答群 ●●　ア．pay　　イ．have　　ウ．give

(3) Please let us consider the price and I'll get （　　　） to you.

●● 解答群 ●●　ア．back　　イ．about　　ウ．via

(4) I'll order the product in large （　　　）.

●● 解答群 ●●　ア．unit price　　イ．quantities　　ウ．quality

(5) We are looking forward to （　　　） from you soon.

●● 解答群 ●●　ア．hearing　　イ．looking　　ウ．coming

(1) .... (2) .... (3) .... (4) .... (5) ....

問題3　次の英文の意味が通るようにするためには，（　　　）のなかの語句をどのように並べたらよいか。正しい順序のものを一つ選び，記号で答えなさい。

(1) Please（① let　② consider　③ us）the price.

●●解答群●●　ア．①-②-③　　イ．①-③-②　　ウ．②-①-③　　エ．②-③-①

(2) We hope you（① could　② a little more　③ be）flexible about the price.

●●解答群●●　ア．①-②-③　　イ．①-③-②　　ウ．②-①-③　　エ．②-③-①

(3)（① if　② you　③ give）us a 20% discount, we'll order the product.

●●解答群●●　ア．①-②-③　　イ．②-③-①　　ウ．③-②-①　　エ．①-③-②

(4) We are considering（① products　② your　③ importing）.

●●解答群●●　ア．①-②-③　　イ．②-③-①　　ウ．③-②-①　　エ．③-①-②

(5) We（① to　② reach　③ wish）an agreement.

●●解答群●●　ア．③-②-①　　イ．②-③-①　　ウ．②-③-①　　エ．③-①-②

(1) .... (2) .... (3) .... (4) .... (5) ....

応用問題

問題1　次の日本語の意味に合うように，最も適した英語を解答群から選びなさい。

(1)（　　　　）that's very difficult.（残念ですが，それは難しいです）

(2)（　　　　）to have a 7% discount.（7％の値引きをお願いしたいです）

(3)（　　　　）possible to extend the current contract?（現在の契約を延長することは可能でしょうか）

(4)（　　　　）consider the price and I'll get back to you.（価格を検討させてください，追ってお返事いたします）

●●解答群●●　ア．Would it be　　イ．I'm afraid　　ウ．Please let us　　エ．We'd like

(1) .... (2) .... (3) .... (4) ....

問題2　次の英文の（　　　）にあてはまる語句として，最も適当なものを解答群のなかから一つ選び，記号で答えなさい。

We've tried our（　　　　）.

●●解答群●●　ア．better　　イ．money　　ウ．best　　　　　　　　......................

第3節 ▶ ビジネスの文書と電子メール

1 英語によるビジネスレターの作成と送付

基本問題

問題1　海外への荷物の送付について，次のなかから最も適切なものを一つ選びなさい。

ア．送付予定の荷物が禁制品であっても荷造りして外から見えなければ，海外に送ってよい。

イ．航空便は船便よりも料金が安く，大量の荷物を海外に送ることができる。

ウ．船便は航空便よりも到着までに時間はかかるが，航空便では扱いきれない数量の荷物を海外に送ることができる。

....

問題2　東京都港区南小山1丁目2番地3に所在する富士山株式会社の加藤義男が，サンフランシスコのスミス・コンラッド氏に手紙を出した。このとき差出人の住所の書き方として，最も適切なものを次のなかから一つ選びなさい。

ア．Tokyo Minato-ku, Minami Oyama, 1-2-3

イ．1-2-3 Minami Oyama, Minato-ku, Tokyo

ウ．Minami Oyama 1-2-3, Tokyo Minato-ku

....

問題3　「PERSONAL & CONFIDENTIAL」と表面に書いてある封筒を受け取ったさいに，取るべき行動として最も適切なものを次のなかから一つ選びなさい。

ア．「請求書在中」という意味なので，封筒を開けて中に入っていた書類を経理部にまわした。

イ．「親展」という意味なので，名あて人本人が封筒を開けた。

ウ．「書留」という意味なので，受取人は配達時にサインをして封筒を受け取った。

....

問題4　ビジネスレターについて，次のなかから最も適切なものを一つ選びなさい。

ア．企業などが便箋や用紙の上部に共通して用いる様式をインボイスという。

イ．ビジネスレターは，日付・宛先・本文・差出人の順序で書く。

ウ．ビジネスレターでは「Attn：」の後ろに日付を記入する。

エ．「Deputy Manager」は，「部長」という意味である。

．．．．．．．．．．．．．．．．．．．．．．

応用問題

問題1　次の英文を読み，問いに答えなさい。

I have enclosed our current brochure describing our products. I hope this will help you have a clear understanding （　　　） our company and our products.

⑴　文中の下線部が指し示すものとして，最も適切なものを次のなかから一つ選びなさい。

ア．our current brochure

イ．a clear understanding

ウ．our company and our products

．．．．．．．．．．．．．．．．．．．．．．

⑵　文中の（　　　）にあてはまる前置詞として，最も適切なものを次のなかから一つ選びなさい。

ア．at　　イ．from　　ウ．of

．．．．．．．．．．．．．．．．．．．．．．

問題2　英語で「敬具」の意味を表す用法として，最も適切なものを次のなかから一つ選びなさい。

ア．Thank you for inquiry.

イ．Please feel free to contact us.

ウ．Sincerely yours.

．．．．．．．．．．．．．．．．．．．．．．

第 3 節 ▶ ビジネスの文書と電子メール

2 電子メールの書き方

基本問題

問題1 英語で電子メールを送信するさいの注意点として，最も適切なものを次のなかから一つ選びなさい。

ア．国内でビジネス文書を送付するときと同様に時候のあいさつを冒頭で述べる。

イ．「敬具」に相当する表現は，"Sincerely yours" "Yours sincerely" の2種類に限定されている。

ウ．"To Whom It May Concern" は「ご担当者様」という意味である。

エ．現在でも電話やファクシミリで海外とやりとりすることが主流であり，電子メールでのやりとりの機会はほとんどない。

問題2 The time and the place are TBD. の意味として，最も適切なものを次のなかから一つ選びなさい。

ア．時間と場所は未定である。

イ．時間と場所については資料がない。

ウ．例えば時間と場所は次のとおりである。

問題3 次の英文の（　　　）にはどの語が入るか。最も適当なものを①〜③のなかから一つ選びなさい。

⑴ Thank you（① of　② at　③ for）your continued business.

⑵ This email is（① of　② to　③ at）confirm the date of our next meeting.

⑶ I need your confirmation document（① on　② for　③ over）my travel arrangements.

⑷ I'm writing this email to ask you（① of　② in　③ for）the confirmation of my reservation.

(5) Could I ask you （① for　② of　③ to） send me the report?

(1) ....　　　(2) ....　　　(3) ....　　　(4) ....　　　(5) ....

■ 応用問題

問題1　次の(1)〜(4)の日本語の意味を表すには，英文の（　　　）のなかの語をどのように並べ
　　　　たらよいか。正しい順序のものを一つ選び，記号で答えなさい。

(1)　どういうわけか予約確認のメールを受け取れなかったのです。

（① reason　② for　③ some） I haven't received a confirmation email.

●● 解答群 ●●　　ア．③－②－①　　イ．②－③－①　　ウ．②－①－③

(2)　ウェブサイトの予約確認フォームに記入するさいに間違えてしまったのかもしれません。

I might have made a mistake （① filling　② in　③ out） the reservation form on the website.

●● 解答群 ●●　　ア．②－③－①　　イ．①－②－③　　ウ．②－①－③

(3)　ご依頼のあったファイルです。

Here are the （① you　② files　③ requested）.

●● 解答群 ●●　　ア．①－②－③　　イ．②－③－①　　ウ．②－①－③

(4)　前もってご対応に感謝申し上げます。

Thank you very much （① for　② in　③ advance） your help.

●● 解答群 ●●　　ア．③－①－②　　イ．②－①－③　　ウ．②－③－①

(1) ....　　　(2) ....　　　(3) ....　　　(4) ....

問題2　ビジネス文書でよく用いられる略語の意味として，最も適切なものを解答群から一つず
　　　　つ選びなさい。

(1) FYI　　　(2) thru　　　(3) ASAP

●● 解答群 ●●

　ア．「できるだけ早く」という意味である。　　　イ．「〜を通して」という意味である。

　ウ．「ご参考までに」という意味である。

(1) ....　　　(2) ....　　　(3) ....

第3節 ▶ ビジネスの文書と電子メール

③ 輸出入取引の流れ③

基本問題

問　次の文章を読み，問いに答えなさい。

　田中君は輸出入取引をめぐる書類のやりとりが理解できなかったので，山本先生に書類のやりとりについて質問をした。

田中君「輸出入取引にはさまざまな書類が必要になりますね」

山本先生「そうだね。それはやはり輸出する人と輸入する人の国や地域が異なり，しかもその多くは距離が離れているからだろうね」

田中君「輸出する人にとっては商品を輸出しても代金が回収できないかもしれないという不安がありますね」

山本先生「そうだね。そこで通常は輸入する人が (a) 取引銀行に依頼して （　①　） という書類を発行してもらう。これはその銀行が代金の支払いを約束する書類なんだ」

田中君「その書類を受け取れば輸出する人にとっても安心ですね」

山本先生「そして輸出する人はその書類を受け取ったら，輸出する人の取引銀行を受取人とし，輸入する人を名あて人とする為替手形を作成し，商業送り状・(b) 船荷証券・海上保険証券などで構成される船積書類も作成する。それから為替手形に船積書類と信用状を添付した （　②　） と呼ばれる有価証券を取引銀行に買い取ってもらうんだ」

田中君「そうすると輸出する人は商品が取引先に届いていなくても早期に代金回収できますね」

山本先生「(c) しかも輸入する人は代金を取引銀行に支払わないと，輸入する商品の受け取りもできないというしくみなんだ」

(1)　下線部 (a) のことを何というか，次のなかから適切なものを一つ選びなさい。

　　ア．通知銀行　　　イ．開設銀行　　　ウ．都市銀行

(2)　文中の （　①　） にあてはまるものとして，次のなかから適切なものを一つ選びなさい。

　　ア．信用状　　　イ．船積書類　　　ウ．海上保険証券

(3)　船荷証券を発行するのは次のうちどの企業か，最も適切なものを一つ選びなさい。

ア．船会社　　　イ．保険会社　　　ウ．開設銀行

(4)　文中の（　②　）にあてはまるものとして，次のなかから適切なものを一つ選びなさい。

　　　ア．為替手形　　　イ．約束手形　　　ウ．荷為替手形

(5)　下線部（c）の説明として，最も適切なものを次のなかから一つ選びなさい。

　　　ア．手形代金を支払わないと船荷証券を含む船積書類を受け取ることができず，船荷証券を
　　　　　呈示できなければ商品を受け取ることができないということ。

　　　イ．手形代金を支払わないと輸出者は代金回収ができず，商品の送付もできないというこ
　　　　　と。

　　　ウ．手形代金を支払わないと取引銀行に信用状を発行してもらえず，信用状を発行してもら
　　　　　えなければそもそも輸入ができないということ。

　(1) ....　　　(2) ....　　　(3) ....　　　(4) ....　　　(5) ....

応用問題

問　次の文章を読み，問いに答えなさい。

　国ごとにそれぞれ商慣習が異なるため，取引にあたってリスクやトラブルを避けるためにさま
ざまな取り決めをしておくと便利である。そのために利用されるのが（　①　）（貿易条件の解
釈に関する国際規則）である。大きくは，「単数または複数の輸送手段にも適した規則」と「海
上及び内陸水路輸送のための規則」の2つに分類され，さらに（　②　）の規則に分類されてい
る。

(1)　文中の（　①　）にあてはまる語句として，最も適切なものを一つ選びなさい。

　　　ア．荷渡指図書　　　イ．信用状統一規則　　　ウ．インコタームズ

(2)　文中の（　②　）にあてはまる数として，最も適切なものを一つ選びなさい。

　　　ア．11　　　イ．13　　　ウ．15

　(1) ....　　　(2) ....

第3節 ▶ ビジネスの文書と電子メール

4　一般取引条件協定書

基本問題

問題1　一般取引条件協定書について，次のなかから最も適切なものを一つ選びなさい。

ア．継続的に取引をおこなううえで慣習化しているものについては，一般取引条件協定書として，契約書の2枚目や裏面に印刷される。

イ．売買取引における商品の品名や数量，保険の契約条件など売買契約ごとの個別の取引条件を契約書の表面に印刷したものである。

ウ．輸入者の取引銀行が，輸出者に対して，輸入者に代わって代金の支払いを保証する書類である。

....

問題2　"Offer: All offers by telephone or email, unless otherwise stipulated, shall remain in force for 4 days including the day of the offer." という取り決めがなされている場合，最も適切と思われるものを次のなかから一つ選びなさい。

ア．ABC社は電話でジャパン・インターナショナルに商品購入の申し込みをおこない，ジャパン・インターナショナルはその日から3日後に承諾した。

イ．ABC社は電子メールでジャパン・インターナショナルに商品購入の申し込みをおこない，ジャパン・インターナショナルはその日から5日後に承諾した。

ウ．ABC社は別段の規定はなかったが，航空便でビジネスレターを送り，商品購入の申し込みをおこない，投函から2週間後にジャパン・インターナショナルはその申込書を受け取った。

....

問題3　一般取引条件協定書で "Prices: Prices shall be in US $ on a CIF New York Basis." という取り決めがなされていた場合，最も適切と思われるものを次のなかから一つ選び

なさい。

ア．運賃と保険料は買い主が負担し，価格は米ドル建てとする。

イ．運賃と保険料は売り主が負担し，価格は米ドル建てとする。

ウ．ニューヨークからサンフランシスコまでの運賃を売り主が負担する。

問題4　一般取引条件協定書で "Insurance: The shipment is to be covered by ICC（A），including war risks for an amount of 10% in excess of invoice value." という取り決めがなされたいた場合，次のなかから最も適切なものを一つ選びなさい。なお，ICC（A）とは協会貨物約款の一種で，英文による保険契約の標準となるものである。

ア．この輸出入取引では戦争危険は対象とならない保険契約を結ぶことになる。

イ．10万ドルの商品であれば11万ドル分の保険をかけなければならない。

ウ．10万ドルの商品であれば1万ドル分の保険をかけなければならない。

応用問題

問　次の(1)〜(3)の日本語の意味を表すには，英文の（　　　）のなかの語をどのように並べたらよいか。正しい順序のものを解答群のなかから一つ選びなさい。

(1)　この協定にもとづいて販売された商品は，すべて契約書で指定された期間内に船積みされなければならない。

All goods sold（① with　② in　③ accordance）this agreement, shall be shipped within the time specified in the contract.

●●解答群●●　　ア．③－①－②　　　イ．②－①－③　　　ウ．②－③－①

(2)　電話による注文は証明書類によって確認されなければならない。

Orders by telephone（① be　② must　③ confirmed）by receipt.

●●解答群●●　　ア．③－①－②　　　イ．②－①－③　　　ウ．②－③－①

(3)　船積みされた商品に関する買い手によるいかなるクレームも，買い手による書面でなされなければならない。

Any claim by the buyer regarding goods shipped（① be　② should　③ in　④ expressed）writing by the buyer.

●●解答群●●　　ア．②－①－④－③　　　イ．④－②－①－③　　　ウ．②－③－①－④

(1) ....　　　(2) ....　　　(3) ....

第3節 ▶ ビジネスの文書と電子メール

5 売買契約書

基本問題

問題1　輸出入取引で売買契約書をかわす場合の注意点として，次のなかから<u>適切でないもの</u>を一つ選びなさい。

ア．国をまたいでの契約となる場合は，契約自体がどの国の（アメリカなど連邦制の国の場合にはどの州の）法律に基づいているのかを明らかにしておくことが重要である。

イ．取引をすること自体が政府の許認可を受けることが前提となっている場合は，該当する契約がどのような条件下において発効するかについても記載しておく必要がある。

ウ．売買契約を締結した以上，商品を買い主の手元まで届けることは当たり前のことなので，配送（配達）については特段に売買契約書で定める必要はない。

························

問題2　売買契約書に "The agreed Product is delivered to the store of Buyer at the cost of Seller." と記載され，売り主と買い主が合意した場合の記述として，次のなかから適切なものを一つ選びなさい。

ア．買い主の負担で商品は買い主の店舗まで配送される。

イ．売り主の負担で商品は買い主の店舗まで配送される。

ウ．配送に要する費用は売り主と買い主で折半となる。

························

問題3　売買契約書に "Buyer has been given the opportunity to inspect Agreed Product or to have <u>it</u> inspected." とある場合，下線部の it が指し示す語句として，最も適切なものを次のなかから一つ選びなさい。

ア．the opportunity　　イ．Agreed Product　　ウ．Buyer　　························

問題4　売買契約書に "IN WITNESS WHEREOF" と記載されている場合，whereof の意味として最も適切なものを次のなかから一つ選びなさい。

ア．「この契約における」　　イ．「いかなる場所であれ」　　ウ．「貿易の慣習において」

....

問題5　次の日本語に相当する英語を解答群から一つずつ選びなさい。

(1)商品の明細　　(2)売買契約書　　(3)保証　　(4)単価

●● 解答群 ●●

ア．Unit price　　イ．Sales contract　　ウ．Description of goods　　エ．Warranty

(1) ....　　(2) ....　　(3) ....　　(4) ....

応用問題

問題1　次の(1)〜(2)の日本語の意味を表すには，英文の（　　　）のなかの語をどのように並べたらよいか。正しい順序のものを一つ選び，記号で答えなさい。

(1)　（この契約で同意を得た）商品は売り主の負担で買い主の店舗まで配送される。

The Agreed Product（① to　② is　③ delivered）the store of Buyer at the cost of Seller.

●● 解答群 ●●　　ア．③-①-②　　イ．②-①-③　　ウ．②-③-①

(2)　この合意は日本の法律に従うものとする。

This Agreement shall（① to　② be　③ subject）the laws of Japan.

●● 解答群 ●●　　ア．②-③-①　　イ．②-①-③　　ウ．③-②-①

(1) ....　　(2) ....

問題2　次の取引条件を示す資料を読み，問いに答えなさい。

Description of Goods	Quantity	Unit Price	Price
Computer PP-400	5,000Units	ⓐ US $（　　　）	US $ 2,400,000
Computer PP-250	（　　　）Units	ⓐ US $ 360.00	US $ 2,160,000

(1)　資料より Computer PP-400 の単価はいくらになるか，計算しなさい。

(2)　資料より Computer PP-250 の販売数量はいくらになるか，計算しなさい。

(1) ....　　(2) ....

第3節 ▶ ビジネスの文書と電子メール

6 信用状

基本問題

問題1　信用状の説明として，次のなかから最も適切なものを一つ選びなさい。

ア．信用状には，開設したら期間内は取消ができない取消不能信用状や発行した銀行が一方的に取消や変更ができる取消可能信用状などがあるが，原則として取消可能信用状を用いることが多い。

イ．手形の支払人が一覧したさい（手形が呈示されたさい），代金を支払うもので，輸入者が名あて人（支払人）となり，輸出者の取引銀行が受取人となる。

ウ．輸入者の取引銀行が輸出者に対して，輸入者に代わって代金の支払いを保証する書類のことである。

問題2　次の資料より，最も適切と思われるものを次のなかから一つ選びなさい。

資　料

The New York Apple Bank が発行した信用状の一部である。

IRREVOCABLE LETTER OF CREDIT

Date of Issue June 15, 20××	Credit Number XYZ-10293
Advising Bank The Bank of Minato	Applicant ABC Company
Beneficiary Japan International CO.,LTD.	Amount US$3,402,000.00

ア．ジャパン・インターナショナル株式会社が輸入者で，取引銀行のニューヨークアップル銀行がその支払いを保証する取消不能信用状である。

イ．ABC 会社が輸入者で，取引銀行のニューヨークアップル銀行がその支払いを保証する取消不能信用状である。

ウ．ABC 会社が輸入者で，取引銀行のニューヨークアップル銀行がその支払いを保証する取消可能信用状である。

問題3　信用状をめぐる佐藤さんと山本先生の会話を読んで，問いに答えなさい。

佐藤さん「信用状の英文を読んでいるのですが，すごく難しく感じます」

山本先生「貿易実務で用いる英語だから，厳格な言い回しと独特の表現があるね。たとえば "full set of clean on board ocean" という英語だと，（　①　）という英単語は，「きれいな」という意味ではなくて，商品の梱包に問題がなくて数量不足もないことを示すんだ」

佐藤さん「英語の辞書では『搭載して』とか『乗って』という意味しかない熟語もありますが…」

山本先生「（　②　）だよね。船荷証券は輸出する人が荷物を船に乗せると船会社が発行してくれるのだけれど，船会社が港で荷物を受け取ったときに発行する受取船荷証券と，船舶に積み込んだときに発行する船積船荷証券の2種類がある。ここでは船積船荷証券という意味で用いられている。また「海」という意味の（　③　）は，内航船荷証券（Local）と外航船荷証券の2種類のうち外航船荷証券という意味だ」

佐藤さん「"made out to order and blank endorsed" も難しいです」

山本先生「指図によって誰にでも譲渡ができるように白地になっているという意味だよ。また，〜 marked "freight prepaid"and "Notify:Buyer" は，「運賃は（　④　）で，荷物が着いたら買い主に知らせると印字されている〜という意味だ」

(1)　文中の（　①　）にあてはまる英語を次のなかから一つ選びなさい。
　　　ア．full　　イ．clean　　ウ．on board

(2)　文中の（　②　）にあてはまる英語を次のなかから一つ選びなさい。
　　　ア．set of　　イ．in triplicate　　ウ．on board

(3)　文中の（　③　）にあてはまる英単語を記入しなさい。

(4)　文中の（　④　）にあてはまる語句として，最も適切なものを次のなかから一つ選びなさい。
　　　ア．元払い　　イ．着払い　　ウ．売り主と買い主の折半

　(1) ....　　(2) ....　　(3) ....　　(4) ....

第3節 ▶ ビジネスの文書と電子メール

7 商業送り状

基本問題

問題1 商業送り状の説明として，次のなかから最も適切なものを一つ選びなさい。

ア．輸入者側の国の銀行が，輸入者の依頼を受けて発行する，商品代金の支払いを保証する書類のことである。

イ．契約書の2枚目または裏面に印刷されているもので，一般的に取引をおこなう上で慣習となっているものを確認するためのものである。

ウ．輸出する貨物の品名・数量・価格・契約条件・契約単価などを記載している書類で，納品書・計算明細書・請求書を兼ねている。

問題2 次の資料はジャパン・インターナショナルが作成した商業送り状の一部である。資料を読み，問いに答えなさい。

Sold to: ABC Company 19 SUNNY ROAD, Burlington, KY41005, USA	L/C No. XYZ-10293
	Contracted Date June 15, 20××
	Issuing Bank The Bank of Minato
	Export License No. T1234
	Sales Note No. GIH01346

(1) 信用状の番号として，次のなかから正しいものを一つ選びなさい。

ア．No. GIH01346　　イ．No. T1234　　ウ．XYZ-10293

(2) ジャパン・インターナショナルの取引銀行として，次のなかから正しいものを一つ選びなさい。

　　ア．The Bank of Minato　　イ．ABC Company　　ウ．The New York Apple Bank

(3) 資料より売買契約書を締結した日付を記入しなさい。

　(1) ....　　(2) ....　　(3) ....

応用問題

問　次の資料はジャパン・インターナショナルが作成した商業送り状の一部である。資料を読み，問いに答えなさい。

Mark & No.	Description	Unit Price	Amount
Container No. SS-99 Seal No. KK-0011	Computer PP-500 （4,000Units) PP-300 （4,000Units)	CIF New York @US $ 472.50 @US $ （　①　）	US $ 1,890,000.00 US $ 1,512,000.00 US $ （　　②　　）

(1) 表中の（　①　）にあてはまる金額を記入しなさい。

....

(2) 表中の（　②　）にあてはまる金額を記入しなさい。

....

(3) 「Container No. SS-99 Seal No. KK-0011」の意味として，最も適切と思われるものを次のなかから一つ選びなさい。

　　ア．No. SS-99 のコンテナの中に商品が積み込まれ，コンテナのドアを閉めた後に封をして，その封に記載されているのが No. KK-0011 である。

　　イ．コンテナのなかに SS-99 の型番のコンピュータが積み込まれており，それぞれに KK-0011 というシールが貼付されている。

　　ウ．No. KK- 0011 という船舶に SS-99 という型番のコンテナが積み込まれている。

....

第3節 ▶ ビジネスの文書と電子メール

8 船荷証券

基本問題

問題1 船荷証券の説明として，次のなかから適切でないものを一つ選びなさい。

ア．船荷証券とは，輸出者が商品を船会社に預けたときに船会社が発行するものである。

イ．船荷証券は，輸入者が商品を引き取るときに引換券の役割を果たす。

ウ．船荷証券は荷受人である輸入者のみしか受け取れず，第三者に譲渡することができない。

....

問題2 船積書類の説明として，次のなかから最も適切なものを一つ選びなさい。

ア．商業送り状や船荷証券，海上保険証書，梱包明細書，原産地証明書などを総称する書類の呼び名である。

イ．船荷証券と同じ意味であり，書類の内容も同一である。

ウ．船荷証券と航空貨物運送状を総称する書類の呼び名である。

....

問題3 次の日本語を表す英語を解答群から一つずつ選び，記号を記入しなさい。

(1)荷送人　　(2)荷受人　　(3)積地　　(4)揚地　　(5)立法メートル

●● 解答群 ●●

ア．M3　　イ．consignee　　ウ．shipper　　エ．port of discharge　　オ．port of loading

(1) ....　　(2) ....　　(3) ....　　(4) ....　　(5) ....

問題4 次の資料は船荷証券の一部である。この資料から読み取れることとして，最も適切なものを次のなかから一つ選びなさい。

Ocean Vessel Kamome Maru	Port of Loading Tokyo, Japan
Port of Discharage New York, USA.	Final Destination New York Trading Company

ア．積荷は「カモメ丸」という船に積み込まれて日本の東京に運び込まれる。

イ．積荷はニューヨーク港で陸揚げされ、さらに New York Trading Company に配送される。

ウ．New York Trading Company の指図によって東京湾からニューヨーク港まで貨物は配送される。　　　　　　　　　　　　　　　..........................

問題5　次の資料は船荷証券の一部である。この資料から読み取れることとして、各問いに答えなさい。

Prepaid at TOKYO, JAPAN	No. of Original B(s)/L THREE(3)	Place and Date of Issue TOKYO, AUGUST 20, 20××

(1)　代金の支払方法として、最も適切なものを次のなかから一つ選びなさい。

　　ア．日本の東京で運賃は前払いである。

　　イ．日本の東京で着払いである。

　　ウ．日本の東京で運賃は折半である。　　　　　　　　　..........................

(2)　船荷証券の発行通数として、最も適切なものを次のなかから一つ選びなさい。

　　ア．1枚　　イ．2枚　　ウ．3枚　　　　　　　　..........................

(3)　船会社からこの船荷証券が発行された日付として、最も適切なものを次のなかから一つ選びなさい。

　　ア．7月20日　　イ．8月20日　　ウ．9月20日　　　　　　..........................

(4)　Bills of landing の略語として、最も適切なものを次のなかから一つ選びなさい。

　　ア．BS/L　　イ．B(s)/L　　ウ．BSL　　　　　　　..........................

第3節 ▶ ビジネスの文書と電子メール

9 海上保険証券

基本問題

問題1　海上保険の説明として，最も適切なものを一つ選びなさい。

ア．死亡や病気などのために対応する保険で，わが国では多くの人が加入している。

イ．輸送中の商品に発生するさまざまな危険に対応するための保険である。

ウ．失業した場合の失業給付などのために設けられている社会保険制度の一つである。

エ．貨物の船積みごとに海上保険を掛けるのが原則で，包括的に取引すべてに海上保険を掛けることは許されていない。 ………………………

問題2　次の日本語を表す英語を解答群から一つずつ選び，記号を記入しなさい。

(1)大型船舶　　(2)保険金額　　(3)貨物　　(4)ストライキ危険　　(5)～前後に（～頃に）

●● 解答群 ●●

ア．goods and merchandises　　イ．amount insured　　ウ．vessel　　エ．SRCC

オ．on or about

(1) ……………　　(2) ……………　　(3) ……………　　(4) ……………　　(5) ……………

問題3　次の英語の意味として，最も適切なものを解答群から一つずつ選び，記号を記入しなさい。

(1)条件　　(2)被保険者　　(3)本社（本部）　　(4)騒乱

●● 解答群 ●●

ア．assured　　イ．head office　　ウ．commotion　　エ．condition

(1) ……………　　(2) ……………　　(3) ……………　　(4) ……………

問題4　次の文章の空欄にあてはまる語句を漢字4文字で記入しなさい。

保険契約を締結する時点で貨物の数量・保険金額・積載船名などが不確定の場合には事前に概

算金額で保険をかけることがあり，これを（　　　　）という。

問題5　ある輸出者は，オールリスクタイプの海上保険を損害保険会社と締結した。このとき次のなかから最も適切なものを一つ選びなさい。

　ア．すべての危険を担保する海上保険なので，運送中に戦争に遭遇しても損害は担保されることが普通である。

　イ．オールリスクタイプの損害保険は最も補償範囲が広い海上保険だが，戦争危険やストライキ危険などについては，別途保険料を支払って，特約をつける必要がある。

　ウ．オールリスクタイプの損害保険は最も補償範囲が広い海上保険だが，ストライキや騒乱による損害についてはカバーしているが戦争危険については特約をつける必要がある。

問題6　次の資料は海上保険証券の一部である。この資料から読み取れることとして，最も適切なものを次のなかから一つ選びなさい。

Conditions To pay against All Riscs SRCC	Ship or Vessel the Kamome Maru	Sailing on or about September 20, 20××

　ア．ストライキ保険を除くオールリスクタイプの海上保険を掛けている。

　イ．カモメ丸という船舶で貨物を運ぶ。

　ウ．20××年9月20日ごろに仕向地（貨物の送り先）に到着予定である。

応用問題

問　売買契約書の裏面に「価格は米ドル建てで，CIF契約による」と記載されていた場合，次のなかから最も適切なものを一つ選びなさい。

　ア．海上保険の保険料は米ドルで払い込み，海上保険料は買い主が負担する。

　イ．商品の価格は運賃と保険料込みで，どちらも売り主が負担する。

　ウ．本船積み込みまでの運賃は売り主負担で，仕向地到着までの運賃は買い主負担である。

第3節 ▶ ビジネスの文書と電子メール

⑩ 為替手形

| 基本問題 |

問題1　輸出入取引における為替手形の説明として，下線部が正しいものには○，間違っている
　　　　ものには解答群から正しいものを一つずつ選び，記号を記入しなさい。

(1)　貨物の船積みが完了後，輸出者は受領済みの信用状に基づいて為替手形を振り出し，船荷
　　証券などの船積書類とともに <u>開設銀行</u> に提出する。

(2)　為替手形とは，輸出者が輸入者に対し，支払期日に手形に記載された金額を自己または第
　　三者に支払うように委託または指図した <u>有価証券</u> のことである。

(3)　通知銀行は為替手形を買い取り，船積書類と <u>為替手形</u> を輸入地の提携銀行または開設銀行
　　に送付し，確認を受ける。

(4)　輸入者は船積書類を入手するために，その手形代金を支払うか手形を引き受ける。

(5)　為替手形は紛失に備えて同時に <u>3券</u> 振り出される。

●● 解答群 ●●

　ア．通知銀行　　イ．約束手形　　ウ．金券　　エ．信用状　　オ．2券

(1) ....　　(2) ....　　(3) ....　　(4) ....　　(5) ....

問題2　次の英語に相当する日本語として，最も適切な語句を解答群から一つずつ選びなさい。

(1) bill of exchange　　(2) tenor　　(3) at sixty days after sight　　(4) value received

●● 解答群 ●●

　ア．対価受領済み　　イ．一覧後60日払い　　ウ．為替手形　　エ．（文書の）写し

(1) ....　　(2) ....　　(3) ....　　(4) ....

| 応用問題 |

問　次の英文を読んで，問いに答えなさい。

(a) At sixty (60) days after sight of this First Bill of Exchange (Second of the same tenor and date being unpaid), pay to The Bank of Minato or order the sum of U.S.Dollars THREE MILLION FOUR HUNDRED TWO THOUSAND ONLY. (b) Value received and charge the same to account of New York Trading. Drawn (　　　) The New York Apple Bank Irrevocable Letter of Credit No.XYZ-10293 dated June 15, 20××.

(1) 下線部（a）の英文の日本語訳として，最も適切なものを次のなかから一つ選びなさい。

　　ア．（同じ内容と日付の二通目が未払いであれば）一通目の為替手形を一覧後60日が経過するまでに，みなと銀行またはその指図人に合計3,402,000米ドルを支払ってください。

　　イ．（同じ内容と日付の二通目が未払いなので）一通目の為替手形を御覧になった瞬間に，みなと銀行またはその指図人に合計3,402,000米ドルを支払ってください。

　　ウ．（同じ内容と日付の二通目が未払いであれば）本為替手形の一覧後60日払いで，みなと銀行またはその指図人が貴社に3,402,000米ドルを支払います。

　　　　　　　　　　　　　　　　　　　　　　　　　　　　　　　　　　　・・・・・・・・・・・・・・・・・・・・・・・

(2) 下線部（b）の説明として，最も適切なものを次のなかから一つ選びなさい。

　　ア．為替手形は2通1組で発行されており，それぞれ同じ内容ではあるが，売り主（輸出者）が振り出して，1通は買い主（輸入者）の取引銀行に送られ，もう1通は売り主（輸出者）の取引銀行に送られているという意味である。

　　イ．売り主（輸出者）が買い主（輸入者）の取引銀行を名宛人（支払人），輸出者の取引銀行であるみなと銀行を受取人とする為替手形を振り出し，対価はすでに受け取っているので同額を買い主（輸入者）に請求せよという意味である。

　　ウ．売り主（輸出者）はすでに船積証券を添えて取引銀行に為替手形を買い取ってもらっており，対価は受け取っているので，後は名宛人が買い主（輸入者）の銀行口座に入金してほしいという依頼である。

　　　　　　　　　　　　　　　　　　　　　　　　　　　　　　　　　　　・・・・・・・・・・・・・・・・・・・・・・・

(3) 「信用状にもとづいて為替手形を振り出す」という意味になるように文中の（　　　）にあてはまる前置詞として，最も適切なものを次のなかから一つ選びなさい。

　　ア．in　　イ．above　　ウ．under

　　　　　　　　　　　　　　　　　　　　　　　　　　　　　　　　　　　・・・・・・・・・・・・・・・・・・・・・・・

第4節 ▶ ビジネスにおけるプレゼンテーション

1 ビジネス会議のプレゼンテーション①（準備編）

基本問題

問題1　次の文章のうち，適切なものには〇，そうでないものには×を記入しなさい。

(1)　英語でのプレゼンテーションでは，導入の段階で詳細な説明をおこなう。

(2)　英語でのプレゼンテーションでは，導入・本論・結論の3部構成がよい。

(3)　英語でのプレゼンテーションでは，専門用語も含めて極力難解な単語を用いるのがよい。

(4)　英語でのプレゼンテーションでは，入念なリハーサルをするほうがよい。

(5)　自分がプレゼンテーションをする内容について，聞き手がどの程度事前知識を持っているかを把握する。

(1) ....　　(2) ....　　(3) ....　　(4) ....　　(5) ....

問題2　次の英語に相当する日本語として，最も適切な語句を解答群から一つずつ選びなさい。

(1) floor cleaner　　(2) feature　　(3) household chores　　(4) handout

●●解答群●●

ア．配布資料　　イ．家事　　ウ．掃除機　　エ．特色

(1) ....　　(2) ....　　(3) ....　　(4) ....

問題3　次の(1)〜(4)の日本語の意味を表すには，英文の（　　）のなかの語をどのように並べたらよいか。正しい順序のものを一つ選び，記号を答えなさい。

(1)　床に掃除機をかけてふき掃除をする時間を短くしたいと思われたことはありませんか。

Haven't you ever（① you　② if　③ wondered）could spend less time vacuuming and sweeping the floor ?

●●解答群●●　　ア．①-②-③　　イ．②-①-③　　ウ．③-②-①　　エ．③-①-②

(2)　私たちの商品には3つの特色があります。

There are three features（① make　② which　③ our）product special.

●● 解答群 ●●　　ア．①-②-③　　　イ．②-①-③　　　ウ．③-②-①　　　エ．③-①-②

(3)　この商品は家事に割く時間があまりない，勤労世帯の助けになると確信しております。

We are（① product　② this　③ that　④ sure）will help working households, who have very little time to do household chores.

　　●● 解答群 ●●　　ア．①-②-③-④　　　イ．②-①-④-③　　　ウ．③-④-②-①
　　　　　　　　　　　　　エ．④-③-②-①

(4)　ご清聴ありがとうございました。

Thank you very much（① your　② for　③ attention）.

　　●● 解答群 ●●　　ア．①-②-③　　　イ．②-①-③　　　ウ．③-②-①　　　エ．③-①-②

(1) ....　　　(2) ....　　　(3) ....　　　(4) ....

応用問題

問題1　次の文章の（　　　）にあてはまる語句として，最も適切なものを解答群から一つ選びなさい。

Please take a（　　　）at the handout.

　　●● 解答群 ●●　　ア．household　　イ．look　　ウ．feature

問題2　次の(1)～(4)の日本語の意味を表すには，英文の（　　　）のなかの語をどのように並べたらよいか。正しい順序のものを解答群のなかから一つ選び，記号で答えなさい。

(1)　This（① the　② shows　③ table）increasing costs.

　　●● 解答群 ●●　　ア．①-②-③　　　イ．②-①-③　　　ウ．③-②-①　　　エ．③-①-②

(2)　Let's（① go　② to　③ on）the topic.

　　●● 解答群 ●●　　ア．①-③-②　　　イ．①-②-③　　　ウ．③-②-①　　　エ．③-①-②

(1) ....　　　(2) ....

第4節 ▶ ビジネスにおけるプレゼンテーション

1 ビジネス会議のプレゼンテーション② （実践編）

基本問題

問題1　次の文章のうち，内容が適正なものには○，そうでないものには×を記入しなさい。

(1) プレゼンテーションの最後に質問の時間を設けるとよい。

(2) 難しい質問をされて知識不足のため答えられないと思ったが，とりあえず適当に答えてその場を乗り切った。

(3) プレゼンテーションはその場限りのものなので，同じ商品についてプレゼンテーションをする場合であっても特段に前回を参考にする必要はない。

(1) ＿＿＿＿＿　　　(2) ＿＿＿＿＿　　　(3) ＿＿＿＿＿

問題2　次の英語に相当する日本語として，最も適切な語句を解答群から一つずつ選びなさい。

(1) At the same time　　(2) On the other hand　　(3) Although　　(4) such as

(5) For these reasons　　(6) In other words　　(7) Moreover　　(8) catalog

●● 解答群 ●●

ア．カタログ　　イ．言い換えると　　ウ．〜だが　　エ．さらに〜　　オ．同時に

カ．他方で　　キ．これらの理由により　　ク．〜のように

(1) ＿＿＿＿＿　　(2) ＿＿＿＿＿　　(3) ＿＿＿＿＿　　(4) ＿＿＿＿＿　　(5) ＿＿＿＿＿

(6) ＿＿＿＿＿　　(7) ＿＿＿＿＿　　(8) ＿＿＿＿＿

問題3　次の(1)〜(4)の日本語の意味を表すには，英文の（　　　）のなかの語をどのように並べたらよいか。正しい順序のものを一つ選び，記号で答えなさい。

(1) 御社の商品に大変関心があります。

I'm （① interested　② very　③ in） your product.

●● 解答群 ●●　　ア．①-②-③　　イ．②-①-③　　ウ．③-②-①　　エ．③-①-②

(2) 今ご質問にお答えするための十分な資料を持ち合わせておりません。

I'm afraid that I don't have（① information　② enough　③ to）answer your question.

●●解答群●●　　ア．①-②-③　　イ．②-①-③　　ウ．③-②-①　　エ．③-①-②

(3) 質疑応答に移る前に，私のプレゼンテーションをまとめたいと思います。

Before we（① on　② move　③ to）our Q＆A, I would like to summarize my presentation.

●●解答群●●　　ア．①-②-③　　イ．②-①-③　　ウ．③-②-①　　エ．③-①-②

(1) ....　　　(2) ....　　　(3) ....

応用問題

問　次の英文の空欄にあてはまる単語として，最も適切なものを解答群から一つずつ選び，記号を記入しなさい。

(1)　Thank you very much（　　　）your interest in our product.

●●解答群●●　　ア．at　　イ．from　　ウ．for

(2)　I'm afraid（　　　）I don't have enough information to answer your question.

●●解答群●●　　ア．who　　イ．that　　ウ．which

(3)　I'm very interestd（　　　）your product.

●●解答群●●　　ア．in　　イ．from　　ウ．at

(4)　Well, I'll be at the reception the entire day, so would you please stop（　　　）?

●●解答群●●　　ア．to　　イ．around　　ウ．by

(1) ....　　　(2) ....　　　(3) ....　　　(4) ....

船荷証券（B/L）のしくみ

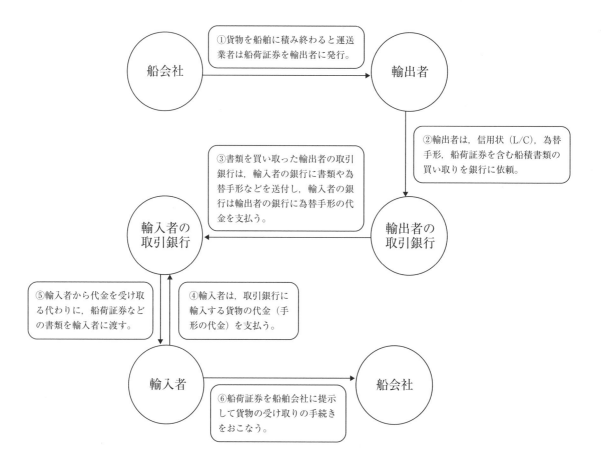

船会社

①貨物を船舶に積み終わると運送業者は船荷証券を輸出者に発行。

輸出者

②輸出者は，信用状（L/C），為替手形，船荷証券を含む船積書類の買い取りを銀行に依頼。

③書類を買い取った輸出者の取引銀行は，輸入者の銀行に書類や為替手形などを送付し，輸入者の銀行は輸出者の銀行に為替手形の代金を支払う。

輸入者の取引銀行

輸出者の取引銀行

⑤輸入者から代金を受け取る代わりに，船荷証券などの書類を輸入者に渡す。

④輸入者は，取引銀行に輸入する貨物の代金（手形の代金）を支払う。

輸入者

船会社

⑥船荷証券を船舶会社に提示して貨物の受け取りの手続きをおこなう。